Увереност в онези неща, за които се надяваме

Д-р Джейрок Лий

„А вярата е даване на твърда увереност в онези неща,
за които се надяваме, убеждения за неща, които не се виждат.
Защото поради нея за старовременните добре се свидетелстваше.
С вяра разбираме, че световете са били създадени с Божието слово,
така че видимото не стана от видими неща.
С вяра Авел принесе на Бога жертва, по-добра от Каиновата,
чрез която за него се засвидетелства, че е праведен,
понеже Бог свидетелства за даровете му;
и чрез тази вяра той и след смъртта си още говори.
С вяра Енох бе преселен, за да не види смърт,
и не се намери, защото Бог го пресели;
понеже преди неговото преселване бе засвидетелствано за него,
че е бил угоден на Бога. А без вяра не е възможно да се угоди на Бога,
защото който идва при Бога, трябва да вярва,
че има Бог и че Той възнаграждава тези, които Го търсят."

(Евреи 11:1, 6)

Увереност в онези неща, за които се надяваме от д-р Джейрок Лик
Издадена от Юрим букс (Представител: Sungnam Vin)
73, Шиндейбанг-донг 22, Донгджак-гу, Сеул Ю. Корея
www.urimbooks.com

Всички права запазени. Тази книга или части от нея не могат да бъдат възпроизвеждани в никаква форма, не могат да бъдат записвани във възпроизвеждаща система или предавани чрез електронни, механични, копирни или други видове средства без предварително писмено разрешение на издателя.

Освен ако не е изрично упоменато, всички цитати от Библията са взети от ревизираното издание на БИБЛИЯТА НА СЪВРЕМЕНЕН БЪЛГАРСКИ ЕЗИК на издателство „Верен,“ © 2000, 2001, използвани с разрешение.

Запазени права © 2020 от Д-р Джейрок Лий
ISBN: 979-11-263-0545-2 03230
Запазени права за превод © 2012 от Д-р Естер К. Чанг. Използван с разрешение.

Първо издание – февруари 2020 г.

Предишно издание на корейски език от Юрим букс, 1990 г.

Редакция Д-р Джюмсан Вин
Дизайн – Издателска къща Юрим букс
Печатна фирма Prione
За повече информация: urimbook@hotmail.com

Предговор

На първо място искам да изразя цялата си благодарност и възхвала на Бащата Бог, който ни ръководи за публикуването на тази книга.

Бог, който е Любов, изпратил Своя роден Син Исус Христос като изкупителна жертва за хората, обречени на смърт заради греховете им след неподчинението на Адам и подготвил пътя за нашето спасение. Всеки ще бъде простен за греховете си и признат за дете на Бога ако вярва в това, ако открие сърцето си и приеме Исус Христос като Свой Спасител. Освен това, като Божие дете той има право да получи отговори на всичко, за което се моли с вяра. В резултат ще води благословен живот без оскъдици и тържествено ще победи света.

Бащите на вярата според Библията вярвали в могъществото на Господ да създаде нещо от нищото и изпитали удивителните дела на Бога. Нашият Бог е същият вчера, днес и утре и с Неговата всемогъща сила изпълнява все още същите дела за хората, които вярват и спазват Божието слово, записано в Библията.

По време на моето духовенство през последното десетилетие, станах свидетел на голям брой членове на църквата Манмин, които получиха отговори и решения на различни проблеми в живота си, вярваха и спазваха словото на истината и бяха способни тържествено да възхваляват Бога. Те вярваха в Божието слово, което гласи: *„А от дните на Йоан Кръстител досега небесното царство насила се взема и които се насилят, го грабват"* (Матей 11:12), трудиха се, молиха се, спазваха Божието слово, за да притежават по-голяма вяра и изглеждаха по-ценни и по-красиви за мен от всичко друго.

Настоящата творба е за онези, които ревностно желаят да водят победоносен живот чрез притежанието на истинска вяра, за да възхваляват Бога, да разпространяват

Божията любов и да споделят евангелието на Господ. През последните две десетилетия изнесох много проповеди, озаглавени „Вяра" и издаването на тази книга стана възможно чрез тяхното редактиране и подбор в съответната хронология. Бих искал настоящата книга: *Вяра: Увереност в онези неща, за които се надяваме* да бъде като фар и да води безкраен брой души към получаването на истинска вяра.

Вятърът духа, накъдето желае и е невидим за очите ни. Въпреки това, можем да го усетим, когато виждаме листата на дърветата да се олюляват. По същия начин, Бог е жив и наистина съществува, въпреки че не е възможно да Го видим с очите си. Ето защо ще Го чуете, ще почувствате присъствието Му и ще Го изпитате според вярата Ви, независимо в каква степен сте пожелали това.

Джейрок Лий

Съдържание

Увереност в онези неща, за които се надяваме

Предговор

Глава 1
Физическа и духовна вяра   1

Глава 2
Копнежът на плътта е враждебен на Бога   13

Глава 3
Унищожете всички видове мисли и теории   29

Глава 4
Посявайте семената на вярата   43

Глава 5
„Ако можеш да повярваш!
Всичко е възможно за този, който вярва!"   57

Глава 6
Даниил разчитал само на Бога   71

Глава 7
Бог осигурява предварително   85

Глава 1

Физическа и духовна вяра

„А вярата е даване на твърда увереност в онези неща,
за които се надяваме, убеждения за неща,
които не се виждат.
Защото поради нея за старовременните добре
се свидетелстваше.
С вяра разбираме,
че световете са били създадени с Божието слово,
така че видимото не стана от видими неща."

Евреи 11:1-3

Пасторът е доволен, когато паството му притежава истинска вяра и възхвалява Бога. От една страна, пасторът се радва и изпълнява с повече ентусиазъм задълженията, отдадени му от Бога, когато хората свидетелстват за живия Бог и за своя живот в Христос. От друга страна, той чувства болката им и сърцето му е наранено, когато не успяват да подобрят вярата си и преживяват страдания и изпитания.

Без вяра не само не е възможно да задоволите Бога и да получите Неговите отговори на молитвите си, но и би било много трудно да притежавате надежда за небето и да живеете праведно.

Вярата е най-важният фундамент в християнския живот. Тя е пътят към спасението и съществена необходимост за получаване на Божиите отговори. В днешно време хората не познават правилната дефиниция на вярата, много от тях не успяват да я притежават и не получават увереност в спасението. Не могат да вървят в светлината и да получат Божиите отговори, дори и да признават вярата си в Бога.

Вярата се разделя на две категории: физическа и духовна вяра. Първата глава обяснява какво представлява истинската вяра, как може да получите Божиите отговори и да бъдете ръководени по пътя към вечния живот.

1. Физическа вяра

Вие изпитвате „физическа вяра", когато вярвате в това, което виждате с очите си и в нещата, които са в съответствие с Вашите знания и разсъждения. С тази физическа вяра може да вярвате само в онези неща, които са изградени от видими елементи. Например, по този начин вярвате, че бюрото е изградено от дърво.

Физическата вяра е наречена също „вяра като познание" и с нея вярвате само в това, което съответства на знанието, съхранено в разума и съзнанието Ви. Вярвате без съмнение, че бюрото е изградено от дърво, защото сте чули или видяли, че бюрата се правят от дърво и иматс понятие за това.

Хората имат изградена система за запаметяване в мозъка си, в която добавят различни познания от своето раждане. Те съхраняват в мозъчните клетки знанието, което са получили, чули, придобили чрез своите родители, братя и сестри, приятели, съседи и учители и го използват според нуждите си.

Не всички знания, съхранени в мозъка, са верни. Божието слово е истината, защото то устоява завинаги, докато знанията от света лесно се променят и представляват смес от истината и неистината. Хората на света не разбират цялостното значение на истината и не осъзнават, че неистините се използват неправилно като истини. Например, те считат, че Теорията за еволюцията е правилна без да познават Божието слово, защото това е единствената теория, която са изучавали в училище.

Хората, които са изучавали единствено теорията, че нещата са изградени от вече съществуващи елементи, не могат да повярват, че нещо е изградено от нищото.

Човек изпитва съмнения и не може да повярва, че нещо е изградено от нищото ако притежава физическа вяра и натрупаните от него знания не му позволяват да го приеме.

В третата глава на Йоан, водачът на евреите, наречен Никодим, дошъл при Исус и разговарял с Него на духовни теми. По време на разговора, Исус го предизвикал: *„Ако за земните работи ви говорих и не вярвате, как ще повярвате, ако ви говоря за небесните?"* (стих 12).

В началото на Вашия християнски живот, Вие съхранявате знанието за Божието слово, когато го слушате, но не може веднага да повярвате в него и вярата Ви е физическа. Съмненията се пробуждат във Вас и не успявате да спазвате Божието слово, да общувате с Бога и да получите любовта Му. Ето защо, физическата вяра е наречена също „вяра без дела" или „мъртва вяра."

Не може да бъдете спасени с физическа вяра. Исус казал в Матей 7:21: *„Не всеки, който Ми казва: Господи!*

Господи!, ще влезе в небесното царство, но който върши волята на Моя Отец, Който е на небесата" и в Матей 3:12: *„Лопатата е в ръката Му и Той здраво ще очисти хармана Си, и ще събере житото Си в житницата, а плявата ще изгори в неугасим огън."* Накратко казано, не може да идете на небесното царство ако не спазвате Божието слово и ако вярата Ви е без дела.

2. Духовна вяра

Притежавате духовна вяра, когато вярвате в невидимите неща и в теориите, които не съответстват на човешките знания и разсъждения. С духовната вяра може да повярвате, че нещо е изградено от нищото.

Евреи 11:1 определя духовната вяра, както следва: *„А вярата е даване на твърда увереност в онези неща, за които се надяваме, убеждения за неща, които не се виждат."* С други думи, ще получите увереност и нещата ще станат реалност за Вас, когато вярвате в невидимите неща и гледате на тях с духовни очи. Това, което не може да се постигне с физическа вяра, известна като „вяра на познанието", ще стане възможно и ще се разкрие като реалност с духовната вяра.

Например, Червено море било разделено на две и израелтяните го прекосили по суха земя, когато Моисей прогледнал с очите на вярата (Изход 14:21-22). Град Йерихон бил превзет, когато Исус Навиев, последователят на Моисей и неговия народ устремили поглед към него, обикаляли го в продължение на седем дни и надавали викове на градската стена (Исус Навиев 6:12-20). Авраам, бащата на вярата, спазвал Божиите заповеди и предложил своя единствен син, Исаак, който бил семето на Божието обещание, защото вярвал, че Бог бил способен да съживи мъртвите (Битие 22:3-12). Това е една от причините, заради които духовната вяра е наречена „вяра, придружена от дела" и „жива вяра."

Евреи 11:3 гласи: *„С вяра разбираме, че световете са били създадени с Божието слово, така че видимото не стана от видими неща."* Небето, земята и всички неща в тях, включително слънцето, луната, звездите, дърветата, птиците, рибите и зверовете, били сътворени с Божието слово и Бог създал човечеството от пръстта. Всичко това било създадено от нищото и само с духовна вяра можем да повярваме и да разберем този факт.

Не всичко може да бъде видяно с очите ни или да бъде видимо, но всичко е направено с Божията сила, тоест, с Неговото слово. Ето защо признаваме, че Бог е всемогъщ и всезнаещ и от Него можем да получим всичко, което сме пожелали с вяра. Така е, защото всемогъщият Бог е нашият Баща и ние сме Негови деца, затова всичко с нас става според вярата ни.

Трябва да превърнете физическата си вяра в духовна, за да получите отговори и да изпитате чудеса. Преди всичко, трябва да разберете, че знанието, съхранено в мозъка от нашето раждане и физическата вяра, изградена на основата на това знание, не Ви позволяват да притежавате духовна вяра. Трябва да разрушите знанието, което Ви носи съмнения и да отстраните наученото, което погрешно сте съхранили в мозъка си. Колкото повече слушате и разбирате Божието слово, толкова повече знания ще натрупате за духа, ще отхвърлите съмненията и ще порасне Вашата духовна вяра според степента, в която виждате лично чудеса и знамения, разкрити с Божията сила и изпитате доказателствата за живия Бог, представени чрез множество свидетелства на вярващите.

Ще живеете според Божието слово, ще общувате с Него и ще получите Неговите отговори с нарастване на духовната вяра. Ще стъпите на скалата от непоклатима вяра, с която да водите победоносен живот във всички изпитания и проверки, когато напълно отстраните съмненията си.

С тази скала на вярата, Яков 1:6 ни предупреждава: *„Но да проси с вяра, без да се съмнява ни най-малко; защото който се съмнява, прилича на морски вълни, които се тласкат и блъскат от ветровете"* и Яков 2:14 задава въпроса: *"Каква полза, братя мои, ако някой казва, че има вяра, а няма дела? Може ли такава вяра да го спаси?"*

Ето защо Ви моля да не забравяте, че ще притежавате духовна и истинска вяра, с която да се спасите, само когато отхвърлите всички съмнения, стъпите на скалата от вяра и покажете дела на вярата.

3. Истинска вяра и вечен живот

Притчата за десетте девици, записана в двадесет и пета глава на Матей, съдържа множество поуки. Тя гласи, че десет девици взели своите светилници и излезли навън да посрещнат младоженеца. Пет от тях били разумни и заедно със светилниците, взели и елей в съдовете си. Те посрещнали успешно младоженеца. Останалите пет били глупави и не взели елей със себе си, затова не могли да го срещнат. Притчата ни обяснява, че някои вярващи водят праведен живот с вяра, подготвят се за завръщането на Господ с духовна вяра и ще бъдат спасени, докато други не се подготвят добре и няма да получат спасение, защото вярата им е мъртва и не е придружена от дела.

С Матей 7:22-23, Исус ни подсеща, че не всички могат да бъдат спасени, макар и да са пророкували, да са изгонили демоните и да са изпълнявали чудеса в Негово име, защото представляват плявата и не са успели да изпълнят Божията воля, а вместо това са вършили беззакония и грехове.

Как можем да различим пшеницата от плявата?
Компактният Оксфордски речник на английския език определя „плявата" като „люспи от жито или други семена, получени чрез отвяване или овършаване." Плявата в духовен смисъл символизира вярващите, които привидно спазват Божието слово, но извършват грехове и не променят сърцата си с истината. Те ходят на църква всяка неделя, отдават десятък, молят се на Бога, грижат се за слабите членове и служат на църквата, но не вършат това пред Бога, а за да играят театър за околните. Ето защо са определени като плява и не могат да получат спасение.

Плявата се отнася за вярващите, които се превърнали в хора на духа чрез Божието слово на истината и притежават вярата, която е непоколебима при всякакви обстоятелства и не се поклаща нито наляво, нито надясно. Те правят всичко с вяра: постят с вяра и се молят на Бога с вяра, за да получат Божиите отговори. Не действат чрез силата, проявена от другите, а вършат всичко с радост и благодарност. Следват гласа на Светия дух, за да задоволят Бога и да действат с вяра, затова душите им просперират, всичко върви добре с тях и се радват на добро здраве.

Моля да проверите дали сте възхвалявали Бога

истински и духовно или сте дрямали, имали сте блуждаещи мисли и сте осъждали Божието слово по време на служба. Трябва също да си спомните и да проверите дали сте отдали даренията радостно или сте посадили оскъдно и с нежелание заради мнението на околните. Колкото по-силна стане Вашата духовна вяра, толкова повече дела ще Ви последват. Ще получите жива вяра, когато спазвате Божието слово, ще живеете в любовта и Божията благословия, ще вървите с Него и ще успеете във всичко. Ще получите всички благословии, записани в Библията, защото Бог е верен на обещанията Си, както е записано в Числа 23:19: *„Бог не е човек, за да лъже, нито човешки син, за да се разкае; Той каза и няма ли да извърши? Той говори и няма ли да го приведе в действие?"*

Има нещо нередно от Ваша страна, ако сте посещавали служби, редовно сте се молили, служили сте предано на църквата, но не сте получили отговор на сърдечните си желания.

Трябва да следвате и да спазвате Божието слово ако притежавате истинска вяра. Необходимо е да признаете, че само Божието слово е истината и да съберете сили да унищожите всичко, което Му противоречи, вместо да настоявате на собствените си мисли и знания. Трябва да отхвърлите всяка форма на злото като слушате внимателно Божието слово и постигате святост с непрестанни молитви.

Не е вярно, че за спасението Ви е достатъчно да посещавате църковни служби, да слушате словото на Бога и да Го съхранявате като знание. Това е мъртва вяра без дела ако не я прилагате на практика. Ще влезете в небесното царство и ще се радвате на вечен живот само когато притежавате истинска и духовна вяра и спазвате Божията воля.

Нека разберете, че Бог иска да имате духовна вяра, придружена от дела и да се радвате на вечен живот и на привилегията да бъдете Божии деца с истинска вяра!

Глава 2

Копнежът на плътта
е враждебен на Бога

„Защото тези, които са плътски,
копнеят за плътското; а тези,
които са духовни – за духовното.
Понеже копнежът на плътта значи смърт,
а копнежът на Духа значи живот и мир.
Защото копнежът на плътта е враждебен на Бога,
понеже не се покорява на Божия закон, нито пък може;
и тези, които са плътски,
не могат да угодят на Бога."

Римляни 8:5-8 гласи

Много хора в днешно време ходят на църква и проповядват вярата си в Исус Христос. Това са радостни и добри новини за нас, но нашият Господ Исус казал в Матей 7:21: *„Не всеки, който Ми казва: Господи! Господи!, ще влезе в небесното царство, но който върши волята на Моя Отец, Който е на небесата"* и добавил в Матей 7:22-23: *„В онзи ден мнозина ще Ми кажат: Господи! Господи! Не в Твое ли име пророкувахме, не в Твое ли име бесове изгонвахме и не в Твое ли име извършихме много чудеса? Но тогава ще им заявя: Аз никога не съм ви познавал; махнете се от Мене, вие, които вършите беззаконие."*

Яков 2:26 гласи: *„Защото както тялото, отделено от духа, е мъртво, така и вярата, отделена от дела, е мъртва."* Ето защо, трябва да постигнете пълна вяра чрез дела на подчинение, за да бъдете признати като истински деца на Бога, които получават всичко, което искат.

Започваме да се радваме и да служим на Божия закон с разума си след като приемем Исус Христос за наш Спасител. Въпреки това, Бог не е доволен от нас ако не спазваме Божиите заповеди и служим на закона на греха с плътта ни, защото с плътски мисли противоречим на Бога и не можем да спазваме Неговия закон.

Ще бъдем водени от духа на Бога, ще спазваме Неговите заповеди и ще Го задоволяваме, както Исус изпълнявал закона с любов, ако отхвърлим плътските желания и следваме духовните мисли. По този начин Божието обещание ще се изпълни за нас: „Всичко е възможно за този, който вярва."

Нека разгледаме разликата между плътските и духовните мисли и да видим защо плътските мисли противоречат на Бога, как можем да ги избегнем и да вървим според духа, за да задоволим Бога.

1. Човекът на плътта изпитва плътски желания, а духовният човек желае неща за духа

1) Плътта и желанията на плътта.

В Библията намираме такива термини като „плътта", „неща на плътта", „желания на плътта" и „дела на плътта." Тези изрази имат сходно значение и всички отслабват и изчезват след като напуснем този свят.

Делата/действията на плътта са записани в Галатяни 5:19-21: *„А делата на плътта са явни; те са: блудство, нечистота, сладострастие, идолопоклонство, магьосничество, вражди, разпри, ревнувания, ярости, партизанства, раздори, разцепления, зависти, пиянства, пирувания и други подобни; за които ви предупреждавам, както ви и предупредих, че които вършат такива неща, няма да наследят Божието царство."*

В Римляни 13:12-14, апостол Павел ни предупреждава за желанията на плътта: *"Нощта премина, а денят наближи: и така, нека отхвърлим делата на тъмнината и да се облечем в оръжието на светлината. Както в бял ден, нека ходим благопристойно, не в пирувания и пиянства, не в блудство и разпътство, не в свади и зависти. Но се облечете с Господ Исус Христос и не се грижете за плътта, за да угаждате на нейните страсти."*

Имаме разум и мисли. "Желанията на плътта" представляват греховните желания и неистини, с които е зает разумът ни, а ако ги приложим на практика, представляват "дела на плътта." Желанията и делата на плътта противоречат на истината, затова не можем да наследим Божието царство ако им се отдаваме.

Ето защо, Бог ни предупреждава в 1 Коринтяни 6:9-10: *"Или не знаете, че неправедните няма да наследят Божието царство? Не се заблуждавайте. Нито блудниците, нито идолопоклонниците, нито прелюбодейците, нито прелъстителите на юноши, нито хомосексуалистите, нито крадците, нито сребролюбците, нито пияниците, нито хулителите, нито грабителите ще наследят Божието царство"* и също в 1 Коринтяни 3:16-17: *"Не знаете ли, че сте храм на Бога и че Божият Дух живее във вас? Ако някой оскверни*

Божия храм, него Бог ще развали; защото Божият храм е свят, а този храм сте вие."

Както е записано в по-горните цитати, трябва да осъзнаете, че неправедните хора, които извършват грехове и злини, няма да наследят Божието царство – не могат да се спасят онези, които извършват дела на плътта. Бъдете бдителни, за да не се изкушите от проповедниците, според които посещението на църквата е достатъчно, за да се спасим. Умолявам Ви в името на Господ да не се изкушавате и да прочетете внимателно Божието слово.

2) Духът и желанията на духа.

Човек е изграден от дух, душа и тяло; тялото ни е смъртно и дом за духа и душата ни. Духът и душата са безсмъртни. Те са отговорни за функционирането на разума ни и ни даряват с живот.

Духът се класифицира в две категории: Духът, който принадлежи на Бога и духът, който не Му принадлежи. Ето защо 1 Йоаново 4:1 гласи: *„Възлюбени, не вярвайте на всеки дух, а изпитвайте духовете дали са от Бога; защото много лъжепророци излязоха по света."*

Божият дух ни помага да признаем, че Исус Христос е дошъл като човек от плът и ни ръководи да научим нещата, отдадени ни свободно от Бога (1 Йоаново 4:2; 1 Коринтяни 2:12).

Исус е казал в Йоан 3:6: *"Роденото от плътта е плът, а роденото от Духа е дух."* Светият дух прониква в сърцата ни, прави ни по-силни, за да разберем Божието слово, помага ни, за да живеем според словото на истината и ни ръководи да станем духовни хора ако приемем Исус Христос и получим Светия дух. Той съживява отново нашите мъртви духове, когато дойде в сърцата ни и затова се казва, че се раждаме отново от Духа и се освещаваме чрез пречистване на сърцето ни.

Нашият Господ Исус е казал в Йоан 4:24: *"Бог е Дух; и онези, които Му се покланят, с дух и истина трябва да се покланят."* Духът принадлежи на четвъртото измерение на пространството и затова Бог, който е дух, вижда сърцата ни и знае всичко за нас.

В Йоан 6:63, който гласи: *"Духът е, който дава живот; плътта нищо не ползва; думите, които съм ви говорил, са дух и живот"*, Исус обяснява, че Светият дух ни дава живот и Божието слово е дух.

Йоан 14:16-17 гласи: *"И Аз ще поискам от Отца и Той ще ви даде друг Утешител, за да бъде с вас вовеки – Духа на истината, Когото светът не може да приеме, защото не Го вижда, нито Го познава. Вие Го познавате, защото Той пребъдва с вас и във вас ще бъде."* Светият дух ни ръководи към истината ако Го получим и станем деца на Бога.

Светият дух обитава в нас след като приемем Господ и ни превръща в духовни хора. Той ни ръководи към истината, помага ни да разберем всички прегрешения, да са разкаем и да се откажем от тях. Светият дух скърби ако вървим против истината, кара ни да се чувстваме нещастни, подтиква ни да осъзнаем греховете си и да бъдем праведни.

Освен това, Светият дух е наречен Духът на Бога (1 Коринтяни 12:3) и Духът на Господ (Деяния 5:9; 8:39). Духът на Бога представлява постоянната Истина и ни ръководи към вечен живот.

От друга страна, духът, който не принадлежи на Бога, но противоречи на Божия дух, не признава, че Исус е дошъл на земята като човек от плът и е наречен *„дух на света"* (1 Коринтяни 2:12), *„дух на Антихриста"* (1 Йоаново 4:3), *„измамни духове"* (1 Тимотей 4:1), *„нечисти духове"* (Откровение 16:13). Всички те произлизат от дявола, а не от Духа на истината. Измамните духове не раждат живот, а подтикват хората към унищожение.

Светият дух се отнася за съвършения Дух на Бога и затова Го получаваме, когато приемем Исус Христос и станем Божии деца. Той поражда в нас дух и праведност и ни прави по-силни, за да пожънем плода на Светия дух, праведността и Светлината. Ще се ръководим от Него, ще бъдем наречени синове на Бога и ще наричаме Господ: „Авва, Отче!", защото получаваме дух на приемност като синове, когато наподобяваме Бога чрез делото на Светия дух (Римляни 8:12-15).

Ето защо получаваме деветте плода на Светия дух, когато сме водени от Него: любов, радост, мир, дълготърпение, благост, милосърдие, вярност, кротост и самоконтрол (Галатяни 5:22-23). Получаваме също плодовете на праведността и плодовете на Светлината, които представляват всичко добро, право и истинно, с което ще получим пълно спасение (Ефесяни 5:9).

2. Плътските мисли водят до смърт, а духовните мисли пораждат живот и мир

Ще живеете според нуждите на плътта, ще съгрешавате и ще се съсредоточавате върху физическите неща ако следвате желанията на плътта. В този случай не може да избегнете смъртта в съответствие с Божието слово, което гласи, че: „Отплатата за греха е смърт." Ето защо Господ ни пита: *„Каква полза, братя мои, ако някой казва, че има вяра, а няма дела? Може ли такава вяра да го спаси?? Така и вярата, ако няма дела, сама по себе си е мъртва"* (Яков 2:14, 17).

Няма да наследите небесното царство, ще съгрешавате и

ще страдате на земята ако насочите вниманието си върху желанията на плътта. Ето защо, трябва да запомните това и да умъртвите порочните навици на тялото, за да получите вечен живот (Римляни 8:13).

От друга страна, правите всичко възможно да живеете според истината и съсредоточавате мислите си върху Духа, ако Го следвате. В този случай Светият дух ще Ви помогне да се борите срещу врага-дявол и Сатаната, да се откажете от пороците, да вървите в истината и да станете праведни.

Представете си, че някой безпричинно Ви зашлевява шамар. Възможно е да се ядосате или да прогоните плътските мисли и да следвате духовните разсъждения като си спомните за разпъването на Исус на кръста. Можете да простите, да чакате търпеливо и да служите на другите, защото Божието слово ни казва да обърнем и дясната си страна, когато ни ударят по лявата и да се радваме винаги и при всякакви обстоятелства. Ето защо не трябва да сте нещастни, а да постигнете мир в сърцето си. Злото остава у Вас докато станете праведни и затова ще искате да го упрекнете и порицаете. Ще почувствате любов към него, когато отхвърлите всички форми на зло, дори и да виждате грешките му.

Ще се стремите към духовни неща и ще вървите в словото на истината ако съсредоточите вниманието си върху духа. В резултат на това ще постигнете спасение и истински живот, изпълнен с мир и благословии.

3. Плътските мисли са враждебни на Бога

Плътските мисли не Ви позволяват да се молите на Бога, а духовните Ви подтикват да го правите. Плътските мисли предизвикват враждебност и кавги, а духовните водят до любов и мир. Плътските мисли противоречат на истината и в действителност представляват дяволски идеи и желания. Ето защо, ще изградите преграда между Вас и Бога и тя ще възпрепятства изпълнението на Божията воля ако продължите да следвате плътските мисли.

Плътските мисли не пораждат спокойствие, а само притеснения, тревога и беди. Накратко казано, те са абсолютно незначителни и нямат никаква полза. Нашият Баща-Бог е всемогъщ и всезнаещ и като единствен Създател управлява небето, земята и всичко в тях, както нашите тела и духове. Какво не би могъл да даде Той за нас – Неговите любими деца? Вие никога няма да се тревожите за пари ако баща Ви е президент на голяма индустриална корпорация и здравето Ви е гарантирано ако баща Ви е изключителен лекар.

Както Исус казал в Марко 9:23, *„Ако можеш да повярваш! Всичко е възможно за този, който вярва",* духовните мисли пораждат вяра и мир, а плътските мисли не позволяват да изпълните волята и делата на Бога, защото причиняват тревога, притеснения и беди. Ето какво гласи Римляни 8:7 относно плътските мисли: „*Защото копнежът на плътта е враждебен на Бога, понеже не се покорява на Божия закон, нито пък може.*"

Ние сме деца на Бога, които Му служим и Го наричаме „Баща." Следвате плътските мисли, предизвикани от врага-дявол и Сатаната, вместо духовните мисли, отдадени от Бога, ако не сте радостни, ако се чувствате тъжни, обезсърчени и притеснени. В този случай трябва незабавно да се покаете, да се откажете от тях и да потърсите духовни мисли. Само с духовни мисли можем да се отдадем на Бога и да Му се подчиняваме.

4. Хората, отдадени на плътта, не могат да задоволят Бога

Хората, обсебени от плътските си желания, противоречат на Бога, не могат и не спазват Неговия закон. Те не слушат Господ, не могат да Го задоволят и накрая страдат от беди и изпитания.

Бащата на вярата Авраам винаги търсил духовни мисли и спазвал всички Божии заповеди, дори и заповедта да принесе сина си във всеизгаряне. От друга страна, цар Саул, който следвал плътски мисли, накрая бил изоставен; Йона бил вдигнат високо в силната буря и погълнат от голяма риба; Израелтяните трябвало да страдат по време на четиридесет годишния труден живот в пустинята след Изхода.

Ще изпълните желанията на сърцата си, когато следвате духовни мисли и представите дела на вярата, както е обещано в Псалми 37:4-6: *„Весели се също така в Господа и Той ще ти даде измоленото от сърцето ти. Предай на Господа пътя си; и уповавай на Него и Той ще извърши очакването ти; и ще направи да се яви правдата ти като светлината и съдът ти като пладне."*

Всеки, който истински вярва в Бога, трябва да прогони неподчинението, предизвикано от делата на врага-дявол, да спазва Божиите заповеди и да прави нещата, които Го задоволяват. Тогава ще стане човек на духа, който е способен да получи всичко, за което се моли.

5. Как можем да следваме делата на Духа?

Божият Син Исус дошъл на тази земя, станал пшенично зърно за грешниците и умрял за тях. Той постлал пътеката към спасението за всички, които Го приемат, за да станат Божии деца и пожънал множество плодове. Търсил само духовни мисли и спазвал Божията воля; връщал мъртвите към живот, лекувал болните от всякакви болести и правил по-голямо Божието царство.

Какво трябва да правите, за да приличате на Исус и да задоволите Бога?

Преди всичко, трябва да живеете в помощ на Светия дух чрез молитви.

Ще попаднете под действието на Сатаната и ще живеете според плътските мисли ако не се молите. Ще получите делата на Светия дух в живота си, ще знаете кое е праведно, ще се противопоставяте на греха, няма да осъждате, ще следвате желанията на Светия дух и ще бъдете праведни в очите на Бога, когато се молите непрестанно. Дори и Божият Син Исус изпълнил делата на Бога чрез молитви. Божията воля за нас е да се молим непрестанно, затова трябва да следвате само духовни мисли и да Го задоволите.

На второ място, трябва да постигнете духовни дела, дори и да не желаете. Вярата без дела е просто вяра като познание и мъртва вяра. Грехота е, когато не правите това, което знаете, че е редно. Ето защо, трябва да покажете дела на вярата ако искате да следвате Божията воля и да Го задоволите.

На трето място, трябва да се покаете и да получите висша сила, за да притежавате вярата, която е придружена от дела. Плътските мисли противоречат на Бога, не Му харесват и изграждат стена от грях между Вас и Него, затова трябва да се разкаете и да ги разрушите. Разкаянието винаги е необходимо за добрия християнски живот, затова трябва да разкъсате сърцето си и да се покаете за плътските мисли.

Сърцето Ви е нещастно ако извършвате греховете, които знаете, че не трябва да допускате. Притесненията и тревогите ще Ви напуснат, ще се освежите, ще се сдобрите с Бога, ще изпитате мир и ще изпълните желанията на сърцето си, когато се покаете за греховете със сълзи. Ще се покаете за греховете и ще пречистите сърцето си ако продължите да се молите, за да се освободите от всякакво зло. Вашите порочни качества ще бъдат изгорени с огъня на Светия дух и стените от грях ще бъдат унищожени. Тогава ще можете да живеете с делата на Духа и ще задоволите Бога.

Все още не сте осъзнали, че противоречите на Бога с Вашите плътски мисли ако сърцето Ви е обременено след като сте приели Светия дух с вярата си в Исус Христос. Ето защо, трябва да разрушите стените от грях чрез страстни молитви, да спазвате желанията на Светия дух и да вършите дела на Духа според духовните мисли. В резултат на това, сърцето Ви ще бъде изпълнено с мир и радост, ще получите отговор на молитвите си и ще изпълните желанията на сърцата си.

Както Исус казал в Марко 9:23: *„Ако можеш да повярваш! Всичко е възможно за този, който вярва"*, нека всички вие да отхвърлите физическите мисли, които противоречат на Бога и да вървите с вяра според делата на Светия дух, за да задоволите Бога, да вършите Неговите неограничени дела и да възхвалявате царството Му, моля се в името на нашия Господ Исус Христос!

Глава 3

Унищожете всички
видове мисли и теории

„Защото, ако и да живеем в плът, по плът не воюваме.
Защото оръжията, с които воюваме, не са плътски,
но пред Бога са силни за събаряне на крепости.
Понеже събаряме помисли и всичко,
което се издига високо против познанието на Бога,
и пленяваме всеки разум да се покорява на Христос.
И сме готови да накажем всяко непослушание,
щом стане пълно вашето послушание."

2 Коринтяни 10:3-6

Вярата може да се раздели в две категории: духовна и физическа вяра. Физическа вяра може да се нарече също вяра като познание. Получавате вярата като познание, когато за първи път чуете Божието слово и това е физическата вяра. Получавате духовна вяра, когато разбирате и спазвате словото.

Бог ще се радва и ще Ви даде духовна вяра ако разбирате духовните значения на Божието слово на истината и поставите основите на вярата чрез нейното спазване. По този начин получавате отговори на молитвите си и разрешения на проблемите си чрез духовната вяра, отдадена Ви отгоре. Ще изпитате също срещата с живия Бог.

По този начин съмненията Ви напускат, човешките мисли и теории са унищожени и Вие сте стъпили на скала от вяра, за да не се разколебавате от никакви нещастия и изпитания. Поставили сте завинаги основата на вярата, когато станете човек на истината и сърцето Ви наподобява Исус. Така ще получите всичко, което сте искали с вяра.

Както е казал нашият Господ Исус в Матей 8:13: *„Както си повярвал, така нека ти бъде"*, съвършената духовна вяра е тази, с която ще получите всичко, което искате и ще възхвалявате Бога във всичко, което правите. Ще живеете в любовта и в крепостта на Бога и много ще Го радвате.

Нека сега да разгледаме по-подробно някои фактори

за духовната вяра. Кои са препятствията за нейното постигане? Как може да я притежавате? Какви благословии са получили бащите на духовната вяра в Библията? Ще разгледаме също защо са изоставени хората, които се отдават на плътски мисли.

1. Препятствия за постигането на духовна вяра

С духовната вяра може да общувате с Бога, да чуете ясно гласа на Светия дух и да получите отговори на Вашите молитви и молби. Ще възхвалявате Бога, когато се храните, пиете и т.н. и ще живеете с любовта, признанието и обещанието на Господ в живота си.

Защо хората нямат духовна вяра? Нека разгледаме факторите, които ни възпрепятстват да я притежаваме.

1) Плътски мисли.

Римляни 8:6-7 гласи: *„Понеже копнежът на плътта значи смърт, а копнежът на Духа значи живот и мир. Защото копнежът на плътта е враждебен на Бога, понеже не се покорява на Божия закон, нито пък може."*

Мислите ни могат да бъдат два вида; плътски и духовни. Плътските мисли обхващат всичко, свързано с плътта и съдържат всякакви видове прегрешения. Те принадлежат на греха, защото са в противоречие с Божията воля и пораждат смърт, както гласи Римляни 6:23: *"Заплатата на греха е смърт."* От друга страна, духовните мисли съдържат истината в съответствие с Божията воля – праведност и добрина и пораждат живот и мир.

Например, представете си, че срещнете затруднение или изпитание, което не може да бъде преодоляно с човешки сили и способности. Плътските мисли Ви причиняват тревоги и притеснения. Духовните мисли Ви подтикват да отстраните притесненията, да благодарите и да се радвате чрез Божието слово, което гласи: *"Винаги се радвайте. Непрестанно се молете. За всичко благодарете, защото това е Божията воля за вас в Христос Исус"* (1 Солунци 5:16-18).

По този начин, духовните мисли са пълна противоположност на плътските, с които не сте и не може да бъдете подложени на закона на Бога. Ето защо плътските мисли противоречат на Бога и не ни позволяват да притежаваме духовна вяра.

2) Дела/Действия на плътта.

Делата/действията на плътта се отнасят за всички грехове и злини, разкрити в поведението ни, както е представено в Галатяни 5:19-21: *"А делата на плътта са явни; те са: блудство, нечистота, сладострастие, идолопоклонство, магьосничество, вражди, разпри, ревнувания, ярости, партизанства, раздори, разцепления, зависти, пиянства, пирувания и други подобни; за които ви предупреждавам, както ви и предупредих, че които вършат такива неща, няма да наследят Божието царство."*

Няма да притежавате духовна вяра и няма да наследите Божието царство ако не отхвърлите делата на плътта. Ето защо, те не Ви позволяват да притежавате духовна вяра.

3) Всички видове теории.

Пълното преработено издание на речника Уебстър дава следната дефиниция на „Теория": „Доктрина или схема от становища, която постановява на основата на хипотезата или размисъла, без поглед върху практиката; хипотеза; предположение" или „Изложение на общи или абстрактни принципи на науката." Тази идея представлява кратко описание в подкрепа на теорията за създаване на нещо от нещо друго, но не ни помага да притежаваме духовна вяра и по-скоро ограничава възможността ни да я добием.

Нека разгледаме Теорията на креационизма и Теорията на Дарвин за еволюцията. Повечето хора научават в училище, че човек е произлязъл от маймуната. Напълно противно на това, Библията ни казва, че човек е създаден от Бога. Трябва да изберете и да следвате теорията за Божието творение ако вярвате във всемогъщия Бог, дори и в училище да сте изучавали Теорията за еволюцията.

Може да притежавате духовна вяра, само когато се откажете от Теорията на еволюцията, която сте изучавали в училище и повярвате в теорията за Божието творение. В противен случай за Вас е невъзможно да вярвате, че нещо е направено от нищото с Теорията на еволюцията. Например, дори и с развитието на науката, хората не могат да създадат семена на живота, спермата и яйцеклетките. Как тогава е възможно да повярвате, че нещо е направено от нищото ако не е в сферата на духовната вяра?

Следователно, трябва да опровергаем тези аргументи и теории, както и гордостта и високомерието, които противоречат на истинското познание за Бога и да насочим мислите си в подчинение на Христос.

2. Саул бил обзет от плътски мисли и не се подчинил

Саул бил първият цар на Израел, който се изкачил на трона по молба на хората, но не живял в съответствие с Божията воля. Бог му заповядал да порази Амалик, да унищожи всичко, което има, да убие мъжете и жените, децата и кърмачетата, говедата и овцете, камилата и осела и да не пощади никого. Цар Саул сразил амаличаните и постигнал голяма победа, но не спазил Божията заповед и пощадил най-хубавите овце и говеда.

Саул действал според плътските мисли и пощадил Агаг

и най-хубавите овце, говедата, угоените животни и агнетата и всичко, което било добро, за да ги принесе в жертва на Господ. Той не искал да ги унищожи всичките и това било проява на неподчинение и арогантност в очите на Господ. Бог го упрекнал за грешката му чрез пророк Самуил, за да се разкае и да се откаже, но цар Саул се оправдал и настоявал на своята праведност (1 Царе 15:2-21).

Много вярващи в днешно време действат като Саул. Те не осъзнават очевидното си неподчинение и не го признават, когато ги упрекнат за него. Вместо това се оправдават и настояват на правотата си, водени от плътски мисли. В крайна сметка се оказват хора на неподчинението, които действат според желанията на плътта като Саул. Всички хора имат различни мнения, не могат да се обединят ако разсъждават самостоятелно и няма да се подчинят ако действат според собствените си мисли. Могат да се подчинят и да бъдат обединени ако действат според истината на Бога.

Бог изпратил на Саул пророк Самуил, но Саул не изпълнил думите Му и пророкът казал: *„Защото непокорството е като греха на врачуването, а упорството – като нечестието и идолопоклонството. Понеже ти отхвърли словото на Господа, то и Той отхвърли тебе да не си цар"* (1 Царе 15:23).

Хората, които разчитат на плътски мисли и не следват Божията воля, не се подчиняват на Бога и нямат друг шанс освен да бъдат изоставени от Него като Саул ако не осъзнават това и не се отказват от мислите си.

В 1 Царе 15:22, Самуил порицал Саул: „*Всеизгаряният и жертвите по същия начин ли са угодни на Господа, както послушанието на Господния глас? Ето, послушанието е по-приемливо от жертвата и покорността – от тлъстината на овни.*" Веднага трябва да се покаете и да се откажете от мислите си ако противоречат на Божието слово, независимо колко правилни изглеждат, за да съответстват на Божията воля.

3. Бащи на вярата, които спазили Божието слово

Давид бил вторият цар на Израел. Той не следвал собствените си мисли от детството, а вървял единствено с вярата в Бога. Не се страхувал от мечки и лъвове, когато водил стадото и понякога се биел с тях и ги побеждавал с вярата си, за да го предпази. Само с вярата си победил Голиат, победителят на Филистимците.

В един случай Давид не се подчинил на Божието слово след като седнал на трона. Изобщо не потърсил оправдания, когато бил порицан от пророка, а веднага се разкаял, отказал се от лошия път и станал по-праведен. Имало голяма разлика между Саул, човек на плътските мисли и духовния човек Давид (1 Царе 12:13).

Моисей унищожил всички видове мисли и теории и станал смирен пред Бога докато водил стадата в пустинята в продължение на четиридесет години и Бог го повикал, когато станал достоен, за да изведе израелтяните от робството на Египет.

Авраам разсъждавал според човешкото мислене и назовал съпругата си „сестра." Въпреки това, той станал човек на духа чрез изпитанията и се подчинил на заповедта на Бога да принесе единствения си син Исаак във всеизгаряне. Той не би могъл изобщо да изпълни заповедта ако се беше подал дори и в малка степен на плътските мисли. Исаак бил неговият единствен син, с когото се сдобил на стари години и който представлявал семето на Божието обещание. Ето защо, би било нередно и невъзможно според човешкия начин на мислене, да го нареже на парчета като животно и да го принесе във всеизгаряне. Авраам никога не се оплакал, подчинил се и вярвал, че Бог можел да го съживи от смъртта (Евреи 11:19).

Военачалникът на армията на цар Арам, Нееман, бил много уважаван и почитан от царя, но се разболял от проказа и се обърнал към пророк Елисей за изцеление.

Занесъл много подаръци, за да изпита делата на Бога, но Елисей не го приел, а изпратил при него слугата си да му каже: *„Иди, окъпи се седем пъти в Йордан; и ще се обнови плътта ти и ще се очистиш"* (4 Царе 5:10). Обзет от физически мисли, Нееман приел отношението му за обидно и грубо и се разгневил.

Въпреки това, преодолял мислите за плътта и изпълнил заръката и съвета на слугите си. Потопил се седем пъти в река Йордан, тялото му се изчистило и оздравял.

Водата символизира Божието слово и числото „7" представя съвършенството, затова „потапянето седем пъти в река Йордан" означава „да стане напълно праведен с Божието слово." Ще получите разрешение на всички проблеми, когато станете святи. Ето защо, с Нееман се случили удивителни дела на Бога, когато спазил Божието слово, проповядвано от пророк Елисей (4 Царе 5:1-14).

4. Ще бъдете способни да се подчинявате след като прогоните човешките мисли и теории

Яков бил хитър и имал всякакви мисли, затова се опитал да изпълни желанията си по различни начини. В резултат на това, страдал от много трудности в продължение на двадесет години. Накрая изпаднал в затруднено положение при реката Явок. Не можел да се върне в къщата на своя чичо заради сключеното с него споразумение, нито да продължи напред, защото по-големият му брат Исав, го чакал от другата страна на реката, за да го убие. В тази отчаяна ситуация неговата самодоволност и всичките му плътски мисли били напълно разрушени. Бог разчувствал сърцето на Исав и го накарал да се сдобри с брат си. По този начин Бог открил пътя към живота, за да може Яков да изпълни Божието провидение (Битие 33:1-4).

Бог казал в Римляни 8:5-7: *„Защото тези, които са плътски, копнеят за плътското; а тези, които са духовни – за духовното. Понеже копнежът на плътта значи смърт, а копнежът на Духа значи живот и мир. Защото копнежът на плътта е враждебен на Бога, понеже не се покорява на Божия закон, нито пък може."* Ето защо трябва да опровергаем всяко мнение, всяка теория и всички мисли, които са в противоречие с познанието за Бога; да насочим мислите си в подчинение на Исус, за да получим духовна вяра и да представим делата на покорността.

Исус произнесъл нова заповед в Матей 5:39-42: *„А пък Аз ви казвам: Не се противете на злия човек; но ако те удари някой по дясната буза, обърни му и другата. На този, който би поискал да се съди с теб и да ти вземе ризата, остави му и горната си дреха. Който те принуди да вървиш с него една миля, иди с него две. Дай на този, който проси от теб; и не се отвръщай от онзи,* *който ти иска на заем."* Не може да спазите тази заповед с човешкия начин на мислене, защото то противоречи на истината. Въпреки това, можете да я изпълните с радост ако разрушите човешките и плътски мисли и Бог ще направи така, че всичко да бъде добре за Вас чрез подчинението Ви.

Няма да се подчините, нито да изпитате делата на Бога или да бъдете ръководени към успех и благополучие ако не заличите собствените си мисли и теории, независимо колко пъти проповядвате вярата си на висок глас.

Моля Ви да не забравяте Божието слово, записано в Исая 55:8-9, което гласи: *„Защото Моите помисли не са като вашите помисли, нито вашите пътища – като Моите пътища, казва Господ. Понеже както небето е по-високо от земята, така и Моите пътища са по-високи от вашите пътища и Моите помисли – от вашите помисли."*

Трябва да избягвате да имате само плътски мисли и човешки теории и вместо това да притежавате духовна вяра като стотника, похвален от Исус за пълното му упование в Бога. Стотникът отишъл при Исус и Го помолил да помогне на слугата му, чието тяло било парализирано след удар и изповядал с вяра, че думите на Исус били достатъчни да се излекува. Ето защо получил отговор според вярата си. По същия начин, ще получите отговор на всичките си молитви и молби и ще възхвалявате изцяло Бога ако притежавате тази духовна вяра.

Божието слово на истината преобразува духа на човечеството и му позволява да притежава вярата, придружена от дела. Може да получите Божиите отговори с тази жива и духовна вяра. Нека всички Вие да разрушите плътските мисли и човешки теории и да притежавате духовна вяра, за да получите всичко, за което се молите и да възхвалявате Бога.

Глава 4

Посявайте семената на вярата

„А този, който се поучава в Божието слово,
нека прави участник във всичките си блага този,
който го учи.
Недейте се лъга; Бог не е за подиграване:
понеже каквото посее човек, това и ще пожъне.
Защото който сее за плътта си,
от плътта си ще пожъне тление, а който сее за Духа,
от Духа ще пожъне вечен живот.
Да не ни дотяга да вършим добро;
защото ако не се уморяваме,
своевременно ще пожънем.
И така, доколкото имаме случай,
нека да правим добро на всички,
а най-вече на своите по вяра."

Галатяни 6:6-10 гласи

Исус ни обещал в Марко 9:23: *„Ако можеш да повярваш! Всичко е възможно за този, който вярва."* Ето защо, когато един стотник отишъл при Него и Му показал такава голяма вяра, Исус му отговорил: *„Както си повярвал, така нека ти бъде"* (Матей 8:13) и слугата веднага бил излекуван.

Това е духовната вяра, с която вярваме в невидимото и вярата, придружена от дела. С нея вярваме, че нещо е направено от нищото и Евреи 11:1-3 я представя по следния начин: *„А вярата е даване на твърда увереност в онези неща, за които се надяваме, убеждения за неща, които не се виждат. Защото поради нея за старовременните добре се свидетелстваше. С вяра разбираме, че световете са били създадени с Божието слово, така че видимото не стана от видими неща."*

Бог ще е доволен ако притежавате духовна вяра и ще разреши да получите всичко, за което се молите. Какво трябва да направим, за да притежаваме духовна вяра?

Подобно на земеделеца, който посява семена на пролет и жъне плодовете на есен, ние трябва да посяваме семената на вярата, за да получим плодовете на духовната вяра.

Нека разгледаме как да направим това чрез притчите за посяване на семената и получаване на реколтата от полето. Исус разказвал притчи на тълпите и чрез тях се обръщал към хората (Матей 13:34), защото Бог е дух и ние хората, които живеем в този физически свят, не можем да разберем Неговото духовно царство. Можем да разберем истинската воля на Бога само когато научим за духовното царство с притчите на този физически свят. Нека разгледаме как да посадите семената на вярата и да притежавате духовна вяра с някои притчи за обработваемото поле.

1. Да посадите семената на вярата

1) Първо трябва да изчистите полето.

На първо място, земеделецът се нуждае от поле, за да посади семената. Трябва да използва подходящи торове, да разкопае земята, да отстрани камъните и да натроши буците пръст в процеса на култивиране, включително разораване, брануване и обработване на почвата, за да подготви полето. Само тогава посадените семена ще покълнат добре и ще родят реколта с много качествени плодове.

В Библията Исус ни представил четирите вида поле, които символизират човешкото сърце. Първата категория е полето край пътя, което е прекалено твърдо и посятите семена не могат лесно да покълнат; втората категория представлява каменистото поле, което е покрито с камъни и посятите семена не могат добре да покълнат и да израстат;

третата категория е полето, покрито с тръни, в което семената покълват, но не успяват да израстат добре и да родят качествени плодове, защото тръните ги задушават; четвъртата и последна категория е плодородното поле, в което семената покълват, растат добре, разцъфтяват и раждат много качествени плодове.

По същия начин, полето на човешкото сърце се разделя на четири категории; първата е сърцето-поле край пътя, с което хората не могат да разберат Божието слово; втората е сърцето-поле, покрито с камъни, с което хората приемат Божието слово, но не устояват на изпитанията и нещастията; третата е сърцето-поле, покрито с тръни, когато светските притеснения и измами потушават Божието слово и не позволяват на хората, които го слушат, да пожънат плодове; четвъртата и последна е плодородното поле-сърце, с което хората разбират Божието слово и жънат добри плодове. Независимо в коя категория е полето на Вашето сърце, то ще стане плодородно, ако го изчистите и култивирате, както земеделецът се труди и се поти на земята. Ако полето е твърдо, трябва да го разорете и да го направите гладко; ако е каменисто, трябва да отстраните камъните; ако е покрито с тръни, трябва да ги отскубнете и да обогатите почвата с торове.

Ленивият земеделец не може да изчисти полето и да го направи плодородно, а работливият стопанин прави всичко възможно, за да го обработи, да го изчисти и да го превърне в плодородна почва, която да го дари с качествени плодове.

Ще направите всичко възможно да превърнете сърцето си в плодородно с труд и пот на челото ако имате вяра. Трябва да се противопоставяте и да отхвърлите греховете си с цената на кръвта, за да направете добро сърцето си, да разберете Божието слово и да получите много плодове. Може да отстраните всички камъни от полето на сърцето Ви, да го изчистите от плевелите и да го превърнете в добро сърце чрез старателното отхвърляне на греховете и злините съгласно Божието слово, което ни заповядва да се освободим от всички форми на злото.

Земеделецът старателно се труди и работи, защото вярва, че ще пожъне богата реколта ако оре, бранува и обработва почвата и прави полето плодородно. Запомнете, че ще живеете в любовта на Бога, ще бъдете водени към успех и благополучие, ще отидете на по-добро място на небето, ще отстоявате и ще отстранявате греховете дори и с цената на кръвта, ако култивирате и направите плодородно полето на сърцето си. В него ще посадите семето на духовната вяра и ще пожънете плодовете, които сте в състояние да получите.

2) След това са необходими семената.

След почистване на полето, трябва да посадите семената

и да им помогнете да покълнат. Земеделецът посажда различни видове семена и прибира голямо количество плодове като зеле, маруля, тиква, зелен боб, червен боб и др.

По подобен начин в полето на сърцето ни също трябва да посяваме различни видове семена. Божието слово гласи винаги да се радваме, да се молим непрестанно, да благодарим за всичко, да плащаме изцяло десятъка, да спазваме свещен Божия ден и да обичаме. Тези думи на Бога ще поникнат, ще напъпят и ще пораснат, за да родят духовна вяра, когато са посадени в сърцето ни. Ще бъдете способни да живеете според Божието слово и да притежавате духовна вяра.

3) Необходими са вода и слънчева светлина.

Не е достатъчно земеделецът да почисти полето и да подготви семената, за да пожъне добра реколта. Необходими са също вода и слънчева светлина. Само тогава семената ще пораснат и ще израстат добре.

Какво представя водата?

Исус казал в Йоан 4:14: *„А който пие от водата, която Аз ще му дам, няма да ожаднее довека; но водата, която ще му дам, ще стане в него извор на вода, която извира за вечен живот."* В духовен смисъл водата означава „вода, която извира за вечен живот", а вечната вода се отнася за Божието слово, както е записано в Йоан 6:63: *„Духът е,* който дава живот; плътта нищо не ползва; думите, които съм ви говорил, са дух и живот." Ето защо Исус казал в Йоан 6:53-55: *"Истина, истина ви казвам: Ако не ядете плътта на Човешкия Син и не пиете кръвта Му, нямате живот в себе си. Който се храни с плътта Ми и пие кръвта Ми, има вечен живот; и Аз ще го възкреся в последния ден. Защото Моята плът е истинска храна и Моята кръв е истинско питие."* Ще бъдете способни да вървите по пътя към вечния живот и да притежавате духовна вяра само когато усърдно четете, слушате и медитирате върху Божието слово и ревностно се молите с него.

Какво представлява слънчевата светлина?

Слънчевата светлина помага на семената да поникнат и да растат добре. В същия смисъл Божието слово, което е светлина, прогонва тъмнината, когато проникне в сърцето Ви, пречиства го и превръща полето му в плодородно. Може да притежавате духовна вяра според степента, в която светлината на истината изпълва сърцето Ви.

С притчата за земеделието научихме, че трябва да почистваме полето на сърцето ни, да подготвяме добри семена, да осигуряваме достатъчно вода и слънчева светлина след тяхното посяване. На следващо място, нека разгледаме как да посеем и да отгледаме семената на вярата.

2. Как да посеем и да отгледаме семената на вярата

1) Преди всичко, трябва да посеете семената на вярата според Божиите указания.

Земеделецът посява семената по различен начин, в зависимост от вида им: някои семена посява дълбоко в почвата, докато други засажда по-плитко. По подобен начин, трябва да посадите различно семената на вярата с Божието слово. Например, трябва да се молите на висок глас от все сърце и да коленичите, когато посявате молитви, както гласи Божието слово и само тогава ще бъдете в състояние да получите Божиите отговори (Лука 22:39-46).

2) На второ място, трябва да посеете с вяра.

Подобно на старателния и ревностен земеделец, който посява семената, защото вярва и се надява да пожъне реколта, трябва да посеете семената на вярата – Божието слово – с радост и с надеждата, че Бог ще Ви позволи да получите много плодове. 2 Коринтяни 9:6-7 ни окуражава с думите: *„А това казвам, че който сее оскъдно, оскъдно и ще пожъне; а който сее щедро, щедро и ще пожъне. Всеки да дава, според както е решил в сърцето си, без да се скъпи и не от принуждение; защото Бог обича онзи, който дава на драго сърце."*

Законът на този свят и законът на духовното царство

гласи, че ще пожънем това, което сме си посяли и полето на сърцето Ви ще става по-добро с нарастване на вярата. Колкото повече посявате, толкова повече ще пожънете. Независимо от вида на семената, трябва да посявате с вяра, благодарност и радост, за да получите обилна реколта.

3) На трето място, трябва добре да се погрижите за поникналите семена.

След като подготви земята и посее семената, земеделецът трябва да полива насажденията, да ги предпазва от вредното действие на червеи и насекоми чрез разпръскване на инсектициди, да продължава да наторява почвата и да отскубва плевелите. В противен случай те ще изсъхнат и няма да пораснат. Божието слово също трябва да се култивира след неговото посяване, за да избегнем приближаването на врага-дявол и Сатаната. Човек трябва да го култивира със страстна молитва, да го спазва с радост и благодарност, да посещава църковните служби, да изгражда християнски отношения, да чете и да слуша Божието слово и да Му служи. Така посятото семе ще порасне, ще разцъфти и ще роди плодове.

3. Процесът, в който растат цветя и се раждат плодове

Червеите изяждат семената ако земеделецът не полага

грижи след тяхното посяване, излизат бурени, които им пречат да израснат и да родят плодове. Земеделецът трябва да бъде неуморим в своята работа и търпеливо да се грижи за посевите докато пожъне качествени и изобилни плодове. Семето израства, процъфтява и накрая ражда плодове, когато настъпи времето, с помощта на пчелите и пеперудите. Земеделецът събира радостно зрелите и добри плодове. Той е много доволен, когато трудът и търпението му са наградени с качествени и ценни плодове и реколтата е сто, шестдесет или тридесет пъти повече от посаденото количество семена!

1) Първо, разцъфтява духовното цвете.

Какво означава изречението „Семената на вярата растат и образуват духовни цветове"? Цветята издават аромат, а ароматът привлича пчелите и пеперудите. По същия начин, според степента, в която спазваме Божието слово, ще получим духовни цветове и ще издаваме аромата на Исус, когато сме посяли семената на Божието слово в полето на сърцето ни и се грижим за тях. Освен това, ще играем ролята на светлината и солта на света, за да могат много хора да видят нашите добри дела и да възхваляват небесния ни Баща (Матей 5:16).

Врагът-дявол ще бъде прогонен, ще възхвалявате Бога във Вашите домове, в бизнеса и на работните Ви места, ако издавате аромата на Исус. Ще възхвалявате Бога, независимо дали се храните, пиете или правите нещо друго.

Ще получите плодовете на евангелизма, ще постигнете царството и праведността на Бога и ще се превърнете в човек на духа с пречистено и плодородно поле на сърцето Ви.

2) Второ, плодовете се раждат и узряват.

Цветята разцъфват, раждат се плодове и земеделецът ги прибира, когато узреят. Какви плодове ще родим ако сравним този процес с вярата ни? Ще получим различни видове плодове, включително деветте плода на Светия дух, както е записано в Галатяни 5:22-23, плодовете на Блаженствата в Матей 5 и плодовете на духовната любов, както е записано в 1 Коринтяни 13.

Можем да проверим дали имаме цветове, дали сме родили плодове и доколко са узрели като прочетем Библията и като слушаме Божието слово. Можем по всяко време да съберем плодовете, когато са напълно узрели и да се възползваме от тях според нуждите ни. Псалми 37:4 гласи: *„Весели се също така в Господа и Той ще ти даде измоленото от сърцето ти."* Подобно е депозирането на милиони долари в банкова сметка, които да изразходваме, както желаем.

3) Трето, ще пожънете, каквото сте посяли.

Всяка година земеделецът получава реколта според това, което е посял и нейното количество е различно според броя на семената, старанието и усърдието, с които се е грижил за тях.

Духът Ви ще преуспява ако сте посяли в молитва; ще се радвате на добро здраве духом и телом ако сте посяли в преданост и служба; ще се радвате на финансови благословии и ще помагате на бедните с благотворителност ако сте посяли внимателно във финансови ресурси. Бог ни обещава в Галатяни 6:7, *„Недейте се лъга; Бог не е за подиграване: понеже каквото посее човек, това и ще пожъне."*

Много места в Библията потвърждават обещанието на Бога да пожънем, каквото сме посяли. В седемнадесета глава на 3 Царе е представена историята за вдовицата от Сарепта. Вдовицата и синът й умирали от глад и жажда, защото нямало дъжд и потокът пресъхнал. Въпреки това, тя посяла шепа брашно в една делва и малко дървено масло в стомната за Илия – човек на Бога. По онова време храната била по-ценна от златото и за нея не било възможно да направи това без вяра. Тя се уповавала и разчитала на Божието слово, проповядвано от Илия и посяла с вяра. Бог й дал изключителна благословия в замяна на вярата й и тримата могли да се изхранват докато свършил дългият глад (3 Царе 17:8-16).

Марко 12:41-44 разказва за бедна вдовица, която пуснала в съкровищницата две лепти, тоест, един кодрант. Исус похвалил постъпката й и получила голяма благословия.

Бог постановил закона на духовното царство да пожънем, каквото сме си посяли. Не забравяйте, че се подигравате с Бога ако искате да пожънете без да сте посяли. Трябва да вярвате, че Бог ще Ви позволи да пожънете сто, шестдесет или тридесет пъти повече от посятото.

С притчата за земеделеца разбрахме как да посеем семената на вярата и как да ги отглеждаме, за да получим духовна вяра. Искам сега от Вас да култивирате полето на сърцето си и да го направите плодородно. Посейте семената на вярата и ги отглеждайте. Посейте, колкото се може повече семена и се грижите за тях с вяра, надежда и търпение, за да получите сто, шестдесет или тридесет пъти повече благословии. Когато настъпи времето, ще пожънете плодове и ще възхвалявате много Бога.

Нека всички вие да вярвате на това, което е записано в Библията и да посявате семената на вярата според учението на Божието слово, да пожънете обилни плодове, да възхвалявате Бога и да се радвате на всякакви видове благословии!

Глава 5

„Ако можеш да повярваш! Всичко е възможно за този, който вярва!"

„Исус попита баща му:
От колко време му става така?
А той каза: От детинство.
И много пъти го е хвърлял и в огън, и във вода,
за да го погуби; но ако можеш, направи нещо,
смили се над нас и ни помогни.
А Исус му каза: Ако можеш да повярваш!
Всичко е възможно за този, който вярва.
Веднага бащата на детето извика и каза: Вярвам, Господи!
Помогни на моето неверие. А Исус, като видя,
че се стича народ, смъмра нечистия дух, като му каза:
Душе ням и глух, Аз ти заповядвам:
Излез от него и да не влезеш повече в него.
И духът, като изпищя и го сгърчи силно, излезе;
и детето стана като мъртво,
така че повечето хора мислеха, че е умряло.
Но Исус го хвана за ръката и го вдигна; и то стана."

Марко 9:21-27 гласи

Хората натрупват своя житейски опит чрез впечатленията от преживяното, включително радостите, нещастията и болките. Мнозина се сблъскват и страдат от сериозни проблеми, които не могат да разрешат със сълзи, издръжливост или чужда помощ.

Подобни са нещастията от болести, нелечими за съвременната медицина; умствени заболявания, предизвикани от стрес, които философията и психологията не могат да обяснят; проблеми с дома и с децата, които дори и най-голямото богатство не може да разреши; проблеми в бизнеса и финансите, които не могат да се оправят, независимо от усилията и списъкът продължава... Кой може да разреши всички тези проблеми?

В Марко 9:21-27 четем разговора на Исус и бащата на едно дете, обсебено от зли духове. Детето страдало сериозно от епилептични припадъци и било глухонямо. То често се хвърляло във водата или в огъня, защото било обладано от демоните. Тръшкало се на земята, от устата му излизала пяна и тялото му се схващало, когато демоните взимали контрол над него.

Нека разгледаме как бащата получил решение на проблема от Исус.

1. Исус упрекнал бащата за това, че не вярвал

Детето се родило глухонямо, то изобщо не чувало и изпитвало сериозни затруднения, за да го разберат другите. Епилепсията често се представяла чрез конвулсии, затова бащата страдал и нямал надежда в живота.

Той чул историите за Исус, който съживявал мъртвите, лекувал всякакви видове болести, отварял очите на слепите и изпълнявал различни чудеса. Новините посяли семето на надеждата в бащиното сърце: „Възможно е Исус да излекува сина ми от всички болести ако наистина притежава такава сила." Започнал да вярва, че синът му имал възможност да оздравее, завел го обнадежден пред Исус и помолил: „Ако можеш, направи нещо, смили се над нас и ни помогни!"

Исус го упрекнал за съмнението му: „Ако можеш да повярваш! Всичко е възможно за този, който вярва." Бащата чул за Исус, но не вярвал в Него от все сърце.

Той никога нямало да каже: „Ако можеш, направи нещо, смили се над нас и ни помогни!" ако изпитвал вярата, че Исус е Син на Бога и Всемогъщият, с когото всичко е възможно и самият Той е Истината.

Невъзможно е да задоволим Господ и да получим отговори от Бога без духовна вяра. Исус искал бащата да осъзнае този факт и го упрекнал за това, че не вярвал напълно: „Ако можеш да повярваш!"

2. Как да притежаваме пълна вяра

Бог приема вярата Ви, когато вярвате в невидимите неща и тази вяра се нарича „духовна вяра", „истинска вяра", „жива вяра" или „вяра, придружена от дела." С нея вярвате, че нещо е направено от нищото, защото вярата е увереността в нещата, за които се надяваме и убедеността в нещата, които не се виждат (Евреи 11:1-3).

Трябва да вярвате от все сърце в пътя на кръста, възкресението, завръщането на Господ, Божието творение и чудесата, за да считате, че притежавате съвършена вяра. Истинска е вярата, която изповядвате на висок глас.

Има три изисквания, за да притежавате съвършена вяра.

Преди всичко, трябва да разрушите стената от грях между Вас и Бога и да се разкаете за прегрешенията си. Освен това, трябва да се борите с греховете си с цената на кръвта и да избягвате всички форми на злото, за да не извършвате никакви грехове. Как се осмелявате да съгрешавате ако мразите греховете до такава степен, че се чувствате зле само от мисълта за тях и ставате нервни и притеснени при вида им? Можете да общувате с Бога и да притежавате съвършена вяра вместо да водите греховен живот.

На второ място, трябва да разберете какво представлява

и да спазвате Божията воля; да отхвърлите личните Ви желания ако са в противоречие с нея и да правите това, което е според Божията воля, дори и да не е според желанията Ви. Бог Ви дава съвършена вяра, когато следвате волята Му от все сърце, с искреност, с всички сили и с мъдрост.

На трето място, трябва да задоволите Бога с вярата си към Него. Винаги ще притежавате съвършена вяра ако възхвалявате Бога във всичко, което правите и Го задоволявате дори и с цената на пожертвованието. Това е вярата, която прави възможно невъзможното. С нея ще повярвате не само във видимите неща, които можете да постигнете със свои сили, но и в това, което е невидимо и невъзможно за човека. Всичко невъзможно ще стане възможно, когато изповядате пълна вяра.

Ето защо ще разберете Божието слово „Ако можеш да повярваш! Всичко е възможно за този, който вярва" и ще Го възхвалявате във всичко, което правите.

3. Всичко е възможно за този, който вярва

Всичко е възможно, когато получите пълна вяра и проблемите Ви ще бъдат решени. В кои области ще изпитате силата на Бога, който прави възможно невъзможното?

Нека разгледаме три различни категории обстоятелства.

Първият вид проблеми произтичат от болестите.

Представете си, че сте болни заради вирусна или бактериална инфекция. Огънят на Светия дух ще изгори тези болести и Вие ще бъдете излекувани, ако представите вярата си и сте изпълнени с Него. Може да се излекувате чрез молитви ако се разкаете и се откажете от греховете. Трябва да откриете сърцето си и да слушате Божието слово ако сте начинаещи във вярата, докато станете способни да я представите.

На следващо място, трябва да представите доказателства за голяма вяра ако имате сериозни заболявания, които не са лечими от медицината. Ще бъдете излекувани само когато изцяло се покаете за греховете си с пречистване на сърцето, вярност на Бога и молитви през сълзи. Онези, които имат слаба вяра или хората, които отскоро са започнали да ходят на църква, не могат да се излекуват докато не получат духовна вяра и едва когато постигнат такава вяра, малко по малко ще започне процесът на оздравяване.

На последно място, физическите деформации, аномалиите, сакатостта, глухотата, умствените и физически недостатъци и наследствените заболявания не могат да бъдат излекувани без Божията сила. Хората, които страдат от подобни състояния, трябва да покажат своята искреност пред Бога, да представят доказателство за своята любов към Него и да Го задоволят, за да бъдат признати от Господ и излекувани с Божията сила.

Изцелителни дела могат да се случат само когато покажат дела на вярата, както слепият просяк Вартимей се молил на Исус (Марко 10:46-52), стотникът разкрил голямата си вяра (Матей 8:6-13) и парализираният мъж и неговите четирима приятели представили доказателство за своята вяра в Исус (Марко 2:3-12).

Втората област представляват финансовите проблеми.

Финансовите проблеми могат да се разрешат само доколкото позволяват способностите и усилията Ви ако използвате Вашите познания, средства и опит без помощта на Бога. Въпреки това, душата Ви ще просперира, всичко ще бъде наред с Вас и ще се радвате на добро здраве ако се откажете от греховете си, следвате Божията воля и поверите своите проблеми на Бога, за да Ви води по Неговия път. По този начин ще вървите със Светия дух и ще получите Божиите благословии.

Яков следвал в живота си човешките методи и мъдрост докато се борил с Божия ангел на реката Явок. Ангелът докоснал ставата на бедрото му и тя се изместила. Яков се предал на Бога в тази борба, поверил Му всичко и от този момент нататък получил Божиите благословии, които го съпътствали винаги. По същия начин, всичко ще бъде наред с Вас ако обичате Бога, ако Го задоволявате и оставите всичко в Неговите ръце.

Третата област засяга получаването на духовна сила.

В 1 Коринтяни 4:20 виждаме, че Божието царство не се състои от думи, а от сила, която става все по-голяма с придобиването на пълна вяра. Божията сила ни помага в различна степен в зависимост от мярката на молитвите ни, вярата и любовта. Чудотворните дела на Бога, които представляват по-високо равнище от дарбата на изцелението, могат да бъдат извършвани само от онези, които получават Божията сила чрез молитви и пости.

По този начин, невъзможното ще стане възможно за Вас ако притежавате пълна вяра и смело ще признаете: „Ако можеш да повярваш! Всичко е възможно за този, който вярва."

4. „Вярвам! Помогни на моето неверие."

Необходим е определен процес за разрешаването на всички проблеми.

Необходимо е да изразите положителни признания на висок глас за започване на процеса.

Един баща дълго време страдал, защото синът му бил обсебен от зли духове и сърцето му закопняло да види Исус, когато чул за Него. Той завел сина си при Христос, изпълнен с надежди и неуверено Го помолил за изцеление.

Исус упрекнал бащата за думите му: *„Ако можеш да повярваш!"* (Марко 9:23) и го окуражил: *„Всичко е възможно за този, който вярва"* (Марко 9:23). При тези окуражителни думи, бащата представил вярата си в Исус: „Вярвам! Помогни на моето неверие."

Той чул с ушите си, че всичко било възможно с Исус, разбрал го с разума си и признал вярата си на висок глас, но не изразил увереност, с която да вярва от все сърце. Въпреки че притежавал вяра като познание, признанието му станало предшественик на духовната вяра и получил отговор.

Трябва да притежавате духовна вяра, с която да вярвате от все сърце.

Бащата на детето, обзето от демони, ревностно се стремял да получи духовна вяра и казал на Исус: *„Вярвам! Помогни на моето неверие"* (Марко 9:23). Исус познал искреността на бащата, когато чул молбата и му дал духовна вяра, с която да повярва от все сърце. По този начин бащата получил духовна вяра, Бог можел да действа за Него и той получил Неговия отговор.

Злият дух излязъл, когато Исус заповядал в Марко 9:25: *„Душе ням и глух, Аз ти заповядвам: Излез от него и да не влезеш повече в него."*

Накратко казано, бащата не можел да получи Божия отговор с плътска вяра, съхранявана само като познание и

Бог му дал Своя отговор, когато изпитал духовна любов.

Трябва да се молим на висок глас докато получим отговори.

Бог обещал в Еремия 33:3: *„Извикай към Мен и ще ти отговоря, и ще ти покажа велики и тайни неща, които не знаеш"* и в Езекил 36:37 ни учи: *„При това Израелевият дом ще Ме потърси, за да им го сторя."* Както е записано по-горе, Исус, пророците в Стария завет и учениците в Новия завет викали и се молили на Бога, за да получат отговори.

Само чрез викането на висок глас в молитвата може да получите вярата, която Ви позволява да вярвате от все сърце и само с тази духовна вяра може да получите отговори на Вашите молитви и проблеми. Трябва да се молите на висок глас докато получите отговори и невъзможното ще стане възможно за Вас. Бащата на детето, обладано от демони, успял да получи отговор, защото се молил на Исус на висок глас.

Историята за бащата на момчето, обладано от демони, дава важен урок за закона на Бога. Трябва да превърнете физическата вяра в духовна, за да притежавате пълна вяра, да стоите непоклатимо на скалата и да се подчинявате без съмнения, за да изпитате Божието слово, което гласи: "Ако можеш да повярваш! Всичко е възможно за този, който вярва."

Първо трябва да изповядате Вашата физическа вяра, която пазите като познание; след това да се молите на Бога на висок глас докато получите отговори и накрая да получите духовната вяра отгоре, с която да вярвате от все сърце.

Първо трябва да разрушите стената от грях между Вас и Бога, за да отговорите на трите изисквания за получаване на пълни отговори. След това да представите искрени дела на вярата и да позволите на душата Ви да просперира. Ще получите духовна вяра отгоре и ще направите възможно невъзможното, когато изпълните трите условия.

Ще срещнете трудности и проблеми ако се опитвате да правите нещата сами вместо да ги поверите на всемогъщия Бог. Той ще направи всичко за Вас и нищо няма да е невъзможно ако оставите всичко на Бога и отстраните човешките мисли, които Ви карат да считате това за неизпълнимо.

Копнежът на плътта е враждебен на Бога (Римляни 8:7). Физическите мисли не Ви позволяват да вярвате и Ви карат да разочаровате Бога чрез негативни признания. Те помагат на Сатаната да отправи обвинения срещу Вас и предизвикват проверки, изпитания, беди и затруднения. Следователно, трябва да унищожите плътските мисли. Независимо с какви проблеми се сблъсквате, включително проблемите, свързани с благополучието на душата Ви, бизнеса, работата, болестите и семейството, трябва да ги оставите в ръцете на Бога. Трябва да разчитате на всемогъщия Бог, да вярвате, че Той ще направи възможно невъзможното и да отстраните всички плътски мисли с вяра.

Бог ще Ви даде вярата, с която да вярвате от все сърце, когато се молите и правите положително признание с думите: „Аз вярвам." С тази вяра Той ще Ви позволи да получите отговори на всички проблеми и да Го възхвалявате. Колко благословен е такъв живот!

Нека вървите само с вярата, за да постигнете царството и праведността на Бога, да изпълните Великата Мисия за проповядване на евангелието по света, да спазвате отреденото за Вас според Божията воля, да направите възможно невъзможното като войник на кръста и да блестите със светлината на Исус, моля се в името на Исус Христос!

Глава 6

Даниил разчитал само на Бога

„Тогава Даниил отвърна на царя:
Царю, да си жив довека!
Моят Бог прати ангела Си да запуши устата на лъвовете
и те не ми навредиха, защото се оказах невинен пред Него;
също и пред тебе, царю,
не съм извършил никакво прегрешение.
Тогава царят се зарадва много
и заповяда да извадят Даниил от рова.
И когато Даниил беше изваден от рова,
никаква повреда не бе открита у него,
защото беше уповал на своя Бог."

Даниил 6:21-23

Даниил попаднал в робство във Вавилон, когато бил дете, но по-късно станал приближен на Бога и вторият след Него. Даниил обичал Бога в максимална степен и Господ го дарил с познания и интелигентност във всички области на литературата и науката. Даниил разбирал дори всякакви видения и сънища. Той бил политил и пророк, който разкрил Божията сила.

Никога през своя живот Даниил не се сближил със света докато служил на Бога, преодолял всички проверки и изпитания с вярата на мъченичеството и възхвалявал Бога с големи победи на вярата. Какво трябва да направим, за да притежаваме същата вяра като него?

Нека разгледаме защо Даниил, който седял редом с царя в управлението на Вавилон, бил хвърлен в рова с лъвовете и как оцелял там без нито една драскотина по тялото.

1. Даниил, човек на вярата

Обединеното царство на Израел било разделено на две по време на управлението на цар Ровоам заради упадъка на цар Соломон – южното царство на Юда и северното царство на Израел (3 Царе 11:26-36). Царете и нацията, която спазвала Божиите заповеди, преуспявали, но хората, които не се подчинявали на Божия закон, били унищожени.

Северното царство на Израел било победено след

настъплението на Асирия през 722 преди Христа. Безкраен брой хора станали пленници по онова време. Южното царство на Юда също било нападнато, но не било разрушено.

По-късно цар Навуходоносор нападнал южното царство на Юда и на третия опит победил град Йерусалим и унищожил Божия храм. Това се случило през 586 преди Христа.

На третата година от царството на Юдейския цар Йоаким, Вавилонският цар Навуходоносор нападнал и обсадил Йерусалим. В първата атака, цар Навуходоносор оковал цар Йоаким с бронзови вериги, за да го отведе във Вавилон, заедно с някои предмети от дома на Бога.

Даниил се намирал сред царското семейство и благородниците, които първи станали пленници. Те живели на земята на неевреите, но Даниил преуспял в службата си на различни царе – Вавилонските царе Навуходоносор и Валтасар и Персийските царе Дарий и Сирус. Даниил живял в нееврейски държави дълго време и изпълнявал служби като един от управляващите след царете. Показал вярата, с която не се сближил със света и водил победоносен живот като пророк на Бога.

Вавилонският цар Навуходоносор наредил на своя главнокомандващ да доведе някои от синовете на Израел, включително някои от царското семейство и от благородниците, младежи без никакъв недостатък, красиви наглед, които проумявали всякаква мъдрост, вещи във всякакво знание, които владеели науките и били достойни да стоят в царския палат, за да ги учи на учението и езика на халдейците. Царят им определил за всеки ден от царските изрядни ястия и от виното, което той пил, с които да ги хранят три години, за да стоят пред царя след изтичане на това време и Даниил бил един от тях (Даниил 1:4-5).

Даниил не искал да се обезчестява с царския избор на храна или с виното, което той пиел; затова помолил началника на евнусите да не се осквернява (Даниил 1:8). Такава била вярата на Даниил, който искал да спазва закона на Господ. Бог направил така, че Даниил да придобие благоволение и милост пред началника на евнусите (стих 9). Ето защо надзирателят отнемал от тях изрядното ястие и виното, което трябвало да пият и им давал зеленчук (стих 16).

Бог видял вярата на Даниил и му дал знание и разум във всяко учение и мъдрост във всяка област на литературата и науката; Даниил можел да проумява дори всички видения и сънища (стих 17). Във всяко дело, което изисквало мъдрост и проумяване, за което царят го питал, той намирал десет пъти по-добри от всички влъхви и вражалци, които се намирали в цялото му царство (стих 20).

Цар Навуходоносор се измъчвал от кошмар, който не му позволявал да спи и никой от халдейците не бил в състояние да го разтълкува. Даниил успял да го разбере с мъдростта и силата на Бога. Тогава царят възвеличил Даниил, дал му много и големи подаръци и го поставил управител на цялата Вавилонска област и началник на управителите над всички Вавилонски мъдреци (Даниил 2:46-48).

Даниил постигнал благосклонност и признание не само по време на управлението на цар Навуходоносор във Вавилон, но и по времето на управлението на цар Валтасар. Цар Валтасар обявил, че Даниил имал власт като трети управител на царството. Даниил все още бил приближен на царя, когато цар Валтасар бил убит и Дарий заел мястото му.

Дарий поставил сто и двадесет сатрапи, които да бъдат по цялото царство. Даниил започнал да се отличава от другите князе и от сатрапите със своя превъзходен дух и царят намислил да го постави над всички други.

Князете и сатрапите се опитвали да намерят обвинение против Даниил относно делата на царството, но не могли да намерят никаква причина или вина, защото той бил верен и в него нямало никаква погрешка или вина. Измислили план да обвинят Даниил, че не спазвал закона на Бога и поискали от царя да издаде указ и да обяви строга забрана, че който до тридесет дни отправил някаква молба до който и да било Бог или човек освен до царя, трябвало да бъде хвърлен в рова с лъвовете. Помолили царя да утвърди забраната и да подпише писмената й форма, за да не бъде изменена според закона на мидяните и персите, който не се изменял. Ето как цар Дарий подписал документа, тоест забраната.

Даниил научил за подписването на документа, влязъл в къщата си и отишъл в стаята на покрива. Там държал отворени прозорците към Йерусалим и продължил да се моли на колене по три пъти на ден с молитви и благодарност към Бога, както правил преди това (Даниил 6:10). Даниил знаел, че щял да бъде хвърлен в рова с лъвовете ако нарушавал забраната, но избрал мъченическа смърт и служил на Бога.

Даниил винаги помнил милостта на Бога, дори и по време на пленничеството във Вавилон, страстно Го обичал до такава степен, че падал на колене, молил се непрестанно и Му благодарил по три пъти на ден. Имал силна вяра и никога не се сближил със света в своята служба на Бога.

2. Даниил бил хвърлен в рова с лъвовете

Хората, които завиждали на Даниил, се събрали и открили, че Даниил отправял молба и се молил пред своя Бог. Те се приближили и говорили пред царя за царската забрана. Накрая царят разбрал, че тези хора искали от него да постанови забраната, не заради него, а заради своя план да отстранят Даниил и бил съкрушен. Въпреки това, той сам подписал документа и известил забраната и след това не бил в състояние да я отмени.

Дарий бил дълбоко наскърбен, когато чул всичко това и взел присърце да спаси Даниил, но князете и сатрапите го принудили да изпълни забраната и той нямал друг избор, освен да я спази.

Царят бил принуден да нареди да хвърлят Даниил в рова с лъвовете, а върху устието му донесли камък, за да не се измени никакво намерение относно Даниил.

Царят, който обичал Даниил, отишъл в палата си и пренощувал гладен, не позволил да му занесат музикални инструменти и сънят бягал от него. На сутринта станал много рано и побързал да отиде при рова с лъвовете. Естествено било да се предположи, че Даниил щял да бъде изяден от тях, но Дарий се устремил забързано към рова с лъвовете с надеждата да е оцелял.

Много осъдени престъпници по онова време били хвърляни в рова с лъвовете. Как успял Даниил да победи гладните животни и да оцелее? Царят помислил, че Бог, на когото Даниил служил, можел да го спаси и се приближил към рова. Той извикал с плачевен глас и проговорил на Даниил: „Данииле, служителю на живия Бог, твоят Бог, на Когото ти служиш непрестанно, можа ли да те отърве от лъвовете?"

За негово удивление, гласът на Даниил се чул от вътрешността: *„Царю, да си жив довека! Моят Бог прати ангела Си да запуши устата на лъвовете и те не ми навредиха, защото се оказах невинен пред Него; също и пред тебе, царю, не съм извършил никакво прегрешение"* (Даниил 6:21-22).

Дарий се зарадвал много и заповядал да извадят Даниил от рова, а по него нямало никаква повреда. Колко удивително било това! Даниил се доверил на Бога и останал жив! Той вярвал в живия Бог и затова оцелял сред гладните лъвове и разкрил Божието величие дори и на неевреите.

Царят издал заповед да докарат онези хора, които злонамерено обвинили Даниил и да хвърлят тях, децата и жените им в рова с лъвовете; и преди да стигнат до дъното на рова, животните ги нападнали и счупили всичките им кости (Даниил 6:24). Тогава Дарий писал до всички племена, народи и езици, които живели по целия свят и ги накарал да се страхуват от Бога като им разкрил кой е Бог.

Царят постановил: *„Издавам указ – в цялата държава, над която царувам, да треперят хората и да се боят пред Данииловия Бог; защото Той е живият Бог, Който е утвърден довека, и Неговото царство е царство, което няма да се наруши, и властта Му ще трае до край. Той избавя и отървава, и върши знамения и чудеса на небесата и на земята; Той е, Който отърва Даниил от* *силата на лъвовете"* (Даниил 6:26-27).

Колко велика била тази победа на вярата! Всичко това станало, защото в Даниил нямало грях и той се уповавал изцяло на Господ. Бог ще осигури начин да се спасите и ще Ви накара да победите ако вървите с Божието слово и живеете в любовта Му, независимо от условията и обстоятелствата.

3. Даниил, победител с голяма вяра

Каква вяра притежавал Даниил, за да възхвалява Бога в такава степен? Нека разгледаме вярата на Даниил, за да преодолеем всички нещастия и изпитания и да разкрием на много хора величието на живия Бог.

Преди всичко, Даниил никога не компрометирал вярата си с нищо светско.

Даниил отговарял за общите държавни дела като един от князете на Вавилон и добре знаел, че щял да бъде хвърлен в рова с лъвовете ако не спазвал забраната. Въпреки това, той никога не следвал човешките мисли и желания и не се страхувал от хората, които крояли планове срещу него, затова коленичил на земята и продължил да се моли на Бога, както преди. Ако следвал човешките мисли, трябвало да спре да се моли или да го прави в тайна стаичка по време на тридесетдневния срок на забраната, но Даниил не направил нито едно от двете. Не се опитал да спаси живота си, не сключил съглашение със света и запазил вярата си с любовта към Бога.

Даниил притежавал вярата на мъченичеството, затова влязъл в къщата си и отворил прозорците на таванската стая към Йерусалим, макар и да знаел за подписването на документа. Продължил да коленичи по три пъти на ден, да се моли и да благодари на Бога, както правил преди това.

Второ, Даниил притежавал вярата, с която не спирал да се моли.

В ситуацията, в която трябвало да се подготви за смъртта си, Даниил се молил на Бога, както било обичайно за него и не искал да съгреши като спре да се моли (1 Царе 12:23).

Молитвите представляват въздуха за нашите духове, затова не трябва да спираме да се молим. Трябва да се молим, когато ни сполетят нещастия и изпитания и когато сме спокойни, за да не бъдем изкушени (Лука 22:40). Даниил не спрял да се моли и затова запазил вярата си и преодолял изпитанията.

Трето, Даниил притежавал вярата, с която отдавал благодарности при всякакви обстоятелства.

Много бащи на вярата, записани в Библията, благодарили за всичко с вяра, защото знаели, че истинската вяра означавала да благодарят при всякакви обстоятелства. Вярата победила, когато Даниил бил захвърлен в рова с лъвовете, защото следвал Божия закон. Дори и да бил изяден от лъвовете, той щял да попадне в обятията на Бога и да живее във вечното небесно царство. Не се страхувал, независимо от изхода на ситуацията! Човек не може да се страхува от смъртта ако истински вярва в небето.

Дори и Даниил да беше живял спокойно като управител на царството след царя, това щеше да бъде временна чест. При все това, ако трябваше да запази вярата си и да получи мъченическа смърт, щеше да бъде признат от Бога, да се счита за велик на небесното царство и да живее сред вечната и сияйна слава. Ето защо, единственото, което правил, било да благодари.

Четвърто, Даниил никога не съгрешил. Той притежавал вяра, с която следвал и спазвал Божието слово.

Нямало причина Даниил да бъде обвинен в неправилното управление на държавните дела. В него нямало следи от продажност, небрежност или непочтеност. Животът му бил толкова чист!

Даниил не съжалявал и не изпитвал лоши чувства към Дарий, който наредил да го хвърлят в рова с лъвовете. Вместо това, продължавал да бъде верен на царя и възкликнал: „Царю, да си жив довека!" Бог нямаше да го предпази ако изпитанието го беше сполетяло заради греховете му, но Даниил нямал грехове и затова Бог го спасил.

Пето, Даниил притежавал вяра, с която се уповавал изцяло на Бога.

Бог ще разреши всичките ни проблеми ако изпитваме страхопочитание към Него, разчитаме изцяло на Господ и оставяме всички дела в ръцете Му. Даниил вярвал напълно в Бога и разчитал изцяло на Него. Ето защо, той не се компрометирал със света, а избрал закона на Бога и поискал Божията помощ. Бог видял вярата на Даниил и направил така, че всичко да бъде наред с Него. Благословии били добавени към благословиите, за да възхвалява Бога.

Можем да преодолеем всички видове изпитания и затруднения, които срещаме, да ги превърнем във възможности за благословии и да свидетелстваме за живия Бог ако имаме същата вяра, каквато имал Даниил. Врагът-дявол дебне наоколо и търси кого да погълне. Ето защо, трябва да му отстояваме със силна вяра и живот, закрилян от Бога като спазваме и се подчиняваме на Божието слово.

Бог ще ни усъвъшенства, утвърди, укрепи и направи непоколебими чрез изпитания, които ни сполетяват и продължават временно (1 Петрово 5:10). Нека имате същата вяра като вярата на Даниил, да вървите с Бога по всяко време и да Го възхвалявате, моля се в името на Исус Христос!

Глава 7

Бог осигурява предварително

„Тогава ангел Господен му викна от небето и каза:
Аврааме, Аврааме! И той отговори: Ето ме.
Ангелът каза: Да не вдигнеш ръката си върху момчето,
нито да му направиш нещо; защото сега зная,
че ти се боиш от Бога, понеже не пожали за Мен и сина си,
единствения си син. Тогава Авраам повдигна очи и видя,
че зад него има овен, вплетен с рогата си в един храст;
и Авраам отиде, взе овена
и го принесе всеизгаряне вместо сина си.
И Авраам нарече това място Йехова-ире;
и така се казва и до днес:
На хълма Господ ще промисли."

Битие 22:11-14

Йехова-ире! Колко вълнуващо и приятно е да го чуем! Това означава, че Бог се подготвя за всичко предварително. В днешно време много вярващи в Бога са чули и знаят, че Бог действа, работи и ни води предварително, но много хора не успяват да изпитат това Божие слово в своя вярващ живот.

Изразът „Йехова-ире" означава благословия, праведност и надежда, които всички желаем и копнеем. Не можем да получим благословии ако не разберем накъде ни води този израз. Ето защо, искам да споделя с Вас вярата на Авраам като пример за човек, който получил благословията на „Йехова-ире."

1. Авраам поставил Божието слово на първо място над всичко друго

Исус казал в Марко 12:30: *„И да възлюбиш Господа, твоя Бог, с цялото си сърце, с цялата си душа, с всичкия си ум и с всичката си сила."* Както е описано в Битие 22:11-14, Авраам обичал Бог до такава степен, че можел да общува с Него лице в лице, да разбира волята Му и да получи благословията на Йехова-ире. За него изобщо не било случайно да постигне всичко това.

Авраам поставил Бога на първо място преди всичко друго и считал словото Му за по-ценно от всичко. Ето защо, той не обръщал внимание на собствените си желания и винаги бил готов да Му се подчинява. Той бил праведен пред Бога и пред себе си без никаква измама и дълбоко в сърцето си имал готовност да получи благословиите.

Бог казал на Авраам в Битие 12:1-3: „*Излез от отечеството си, от рода си и от бащиния си дом и иди в земята, която ще ти покажа. Ще те направя голям народ; ще те благословя и ще прославя името ти, и ще бъдеш за благословение. Ще благословя онези, които те благославят, а ще прокълна всеки, който те кълне; и в тебе ще се благославят всички земни племена.*"

В подобна ситуация Авраам щеше да се почувства зле ако разсъждаваше с човешки мисли, когато Бог му заповядал да напусне страната си, близките си и родния дом. Въпреки това, той считал Бог за Бащата Създател и Го поставил на първо място, затова можел да се подчини и да спази Божията воля. По същия начин, всички хора могат да се подчинят на Бога с радост ако истински Го обичат и вярват, че Бог прави така, че всичко да бъде наред с тях.

На много места в Библията се говори за бащите на вярата, които считали Божието слово за най-важно и го спазвали. 3 Царе 19:20-21 гласи: „*А той остави воловете, затича се след Илия и каза: Нека целуна, моля, баща си и майка си и тогава ще те последвам. А Илия му отговори: Иди, върни се, какво съм ти сторил? И Елисей се върна, взе двойката волове и ги закла, а с дървените прибори на* воловете опече месото им, даде на народа и те ядоха. Тогава стана, последва Илия и му слугуваше." Елисей веднага изоставил всичко, което имал, когато Бог го повикал чрез Илия и спазил Божията воля.

Същото се отнасяло и за учениците на Исус, които веднага Го последвали, когато ги повикал. Матей 4:18-22 гласи: *„И като ходеше край Галилейското езеро, видя двамата братя – Симон, наречен Петър, и брат му Андрей, че хвърляха мрежи в езерото, понеже бяха рибари. Той им каза: Елате след Мен и Аз ще ви направя ловци на човеци. И те веднага оставиха мрежите и тръгнаха след Него. И като отмина оттам, видя други двама братя – Яков Зеведеев и брат му Йоан, че кърпеха мрежите си в ладията с баща си Зеведей; и ги повика. И те начаса оставиха ладията и баща си и тръгнаха след Него."*

Ето защо ревностно Ви моля да притежавате вяра, с която да се подчинявате на цялата Божия воля и да считате Божието слово за най-важно, за да може Бог да направи така, че всичко да бъде добре с Вас чрез силата Му.

2. Авраам винаги отговарял: „Да!"

Авраам напуснал своята страна Харан съгласно Божието

слово и тръгнал към Ханаанската земя, но там имало толкова голям глад, че се преместил в Египет (Битие 12:10). Авраам нарекъл съпругата си „сестра", за да не бъде убит в Египет и някои хора го обявяват за лъжец и страхливец. В действителност той не излъгал, а разсъждавал като човек. Доказано е с факти, че се подчинил безстрашно, когато му заповядали да напусне страната си и затова не е вярно, че излъгал, защото бил страхливец. От една страна, Авраам направил това, защото съпругата му наистина била негова братовчедка, но от друга страна считал, че било по-добре да я нарича „сестра", отколкото „съпруга."

Бог подобрил Авраам по време на неговия престой в Египет и той разчитал напълно на Него със съвършена вяра без да следва човешката мъдрост и мисъл. Авраам винаги се подчинявал, но все още имал плътски мисли, които трябвало да отстрани. Бог позволил с изпитанието египетският Фараон да се отнася добре с него и дал на Авраам множество благословии, включително овце, вол и магарета, мъже и жени прислужници, магарици и камили.

Ще изпитваме затруднения ако изпитанията ни сполетяват, защото не се подчиняваме и Бог ще направи така, че всичко да върви добре ако изпитанията идват заради плътски мисли, които все още не сме отхвърлили, дори и да сме покорни.

Това изпитание помогнало да се подчинява и да

отговаря на всичко с „Амин" и след това Бог му заповядал да принесе във всеизгаряне своя единствен син Исаак. Битие 22:1 гласи: *„След тези събития Бог изпита Авраам, като му каза: Аврааме. А той отговори: Ето ме."*

Авраам бил на сто години и съпругата му Сара, на деветдесет, когато се родил Исаак. За тях било абсолютно невъзможно да имат дете, но с Божието милосърдие и обещание им се родил син, който бил по-ценен от всичко друго и представлявал семето на Божието обещание. Ето защо Авраам се учудил много, когато Бог му заповядал да принесе във всеизгаряне сина си като животно! Това надхвърляло всички граници на човешкото въображение.

Авраам вярвал, че Бог можел да съживи отново сина му и затова бил в състояние да спази Божията заповед (Евреи 11:17-19). С други думи, всичките му плътски мисли били отстранени и той притежавал вярата, с която да принесе във всеизгаряне своя единствен син Исаак.

Бог видял вярата на Авраам и приготвил един овен за жертва във всеизгаряне, за да не убива Исаак. Авраам намерил овена, вплетен с рогата си в един храст, принесъл го във всеизгаряне вместо сина си и нарекъл мястото „На хълма Господ ще промисли."

Бог похвалил Авраам за вярата му и казал в Битие 22:12: *„Защото сега зная, че ти се боиш от Бога, понеже не пожали за Мен и сина си, единствения си син."* Той му дал изключителни благословии в стихове 17-18: *„Ще* *те благословя премного и ще умножа и преумножа потомството ти като небесните звезди и като пясъка на морския бряг; и потомството ти ще завладее портата на неприятелите си; в твоето потомство ще се благословят всички народи на земята, защото си послушал гласа Ми."*

Сигурно сте изпитвали благословията на „Господ ще промисли", дори и вярата Ви да не е достигнала равнището на вярата на Авраам. Тъкмо сте на път да направите нещо и откривате, че Бог вече го е приготвил. Това е възможно, защото сърцето Ви е търсило Бога в този момент. Навсякъде и по всяко време ще живеете с благословията на „Господ ще промисли" ако вярата Ви е като вярата на Авраам и изцяло се подчинявате на Бога; колко прекрасен е животът в Христос!

Трябва да казвате „Амин" на всички Божии заповеди и да живеете единствено според Божията воля, без да настоявате изобщо за Вашите лични желания, за да получите Божието признание и благословията на Йехова-ире: „Бог ще промисли." Ето защо Бог ясно ни казва, че подчинението е по-добро от пожертвованията (1 Царе 15:23).

Исус съществувал под формата на Бог, но Той не се стремял към равенство с Бога; отказал се от всичко, взел на Себе Си образ на слуга и станал подобен на човеците; смирил Себе Си и станал послушен до смърт (Филипяни 2:6-8). Относно пълното Му послушание, 2 Коринтяни 1:19-20 гласи: *"Защото Божият Син, Исус Христос, Който беше проповядван помежду ви от нас (от мене, Сила и Тимотей), не стана "Да" и "Не", но в Него стана "Да"; понеже Божиите обещания, колкото много и да са те, в Него са "Да"; затова и чрез Него е "Амин", за Божията слава чрез нас."*

Подобно на единствения роден Син на Бога, който винаги отговарял: "Да", ние трябва без колебание да казваме "Амин" на всяка дума на Бога и да Го възхваляваме с благословията "Господ ще промисли."

3. Авраам търсил мир и праведност във всичко

Авраам отговарял само с "Амин" на Божието слово и изцяло го спазвал, за да удовлетвори Бога, когото обичал повече от всичко друго.

Той станал напълно праведен и винаги се стремял да бъде в мир с всички около него, за да получи Божието признание.

В Битие 13:8-9 Авраам казал на племенника си Лот: *"Да няма, моля ти се, спречкване между мен и теб и между* моите и твоите говедари, защото ние сме братя. Не е ли пред тебе цялата земя? Моля ти се, отдели се от мене; ти ако идеш наляво, аз ще ида надясно; или ако ти идеш надясно, аз ще ида наляво."

Авраам бил по-стар от Лот, но се пожертвал и му отстъпил избора на земята, за да има мир, защото не търсил собствената изгода, а ползата за ближния в своята духовна любов. По същия начин, не трябва да спорите или да се хвалите ако живеете в истината, за да се разбирате с всички.

В Битие 14:12, 16 Авраам разбрал, че брат му бил пленен, извел своите триста и осемнадесет обучени мъже, родени в неговия дом, гонил неприятелите и възвърнал цялото имущество, брат си Лот с неговото имущество, както и жените и народа. Той бил напълно праведен и вървял в правия път, затова дал на Салимския цар Малхиседек десятък от всичко, който Му дължал и върнал останалата част на Содомския цар с думите: *„Няма да взема нищо от твоето, нито конец, нито ремък за обувки, да не би да кажеш: Аз обогатих Аврам"* (стих 23). Авраам не само търсил мир във всички начинания, но вървял по непорочен и праведен път.

Евреи 12:14 гласи: *„Търсете мир с всички и онова освещение, без което никой няма да види Господа."* Авраам получил благословията на Йехова-ире, „Бог ще промисли", защото искал мир с всички хора и постигнал святост. Моля Ви и Вие също да станете като него.

4. Вяра в силата на Създателя Бог

Трябва да вярваме в Божията сила, за да получим благословията „Господ ще промисли." Евреи 11:17-19 ни учи: „*С вяра Авраам, когато го изпитваше Бог, принесе Исаак в жертва. Да! Онзи, който беше получил обещанията, принасяше единородния сисин, онзи, за когото беше казано: „По Исаак ще се наименува твоето потомство", като разсъди, че Бог може да възкресява и от мъртвите, откъдето и по един начин на възкресение го получи обратно.*" Авраам вярвал, че силата на Създателя Бог била достатъчна, за да направи възможно всичко, затова се подчинил на Бога без да следва никакви плътски и човешки мисли.

Какво ще направите ако Бог Ви заповяда да принесете във всеизгаряне своя единствен син? Ще се подчините, независимо дали Ви харесва, ако вярвате в Божията сила, с която всичко е възможно и ще получите благословията „Бог ще промисли."

Силата на Бог е безкрайна, Той се подготвя предварително, изпълнява и се отплаща с благослови ако изцяло се подчиняваме без да имаме никакви плътски мисли като Авраам. Няма да получим благословията

„Бог ще промисли" ако обичаме нещо повече от Бога или казваме „Амин" само за нещата, които съответстват на нашите мисли и теории.

Трябва да отхвърлим всички видове човешки мисли и да притежаваме духовна вяра, с която да кажем „Амин", за да получим и да изпитаме благословията „Бог ще промисли", както е записано в 2 Коринтяни 10:5: *„Понеже събаряме помисли и всичко, което се издига високо против познанието на Бога, и пленяваме всеки разум да се покорява на Христос."* Как би могъл Моисей да раздели на две Червено море и как би могъл Исус Навиев да унищожи град Йерихон ако не притежаваха духовна вяра?

Нямате духовно послушание ако спазвате само нещата, които съответстват на Вашите мисли и знания. Бог създава нещо от нищото. Как бихме сравнили силата Му с уменията и мъдростта на хората, които създават нещо от други неща?

Матей 5:39-44 гласи следното: *„А пък Аз ви казвам: Не се противете на злия човек; но ако те удари някой по дясната буза, обърни му и другата. На този, който би поискал да се съди с теб и да ти вземе ризата, остави му и горната си дреха. Който те принуди да вървиш с него една миля, иди с него две. Дай на този, който проси от теб; и не се отвръщай от онзи, който ти иска на заем. Чули сте, че е било казано: „Обичай ближния* *си, а мрази неприятеля си." Но Аз ви казвам: Обичайте неприятелите си и се молете за онези, които ви гонят."*

Колко различно е Божието слово от нашите собствени мисли и знания? Моля Ви да запомните, че няма да постигнете Божието царство и да получите благословията на Йехова-ире: „Господ ще промисли" ако отговаряте „Амин" само на нещата, с които сте съгласни според мнението Ви.

Дори и да проповядвате вярата във всемогъщия Бог, били ли сте нещастни, тревожни и притеснени, когато сте срещали проблеми? В този случай не може да се счита, че притежавате истинска вяра. Трябва да вярвате в Божията сила и да оставите в Неговите ръце всички проблеми с радост и благодарност ако притежавате истинска вяра.

Нека всички Вие да поставяте Бог на първо място, да станете достатъчно послушни, за да казвате само „Амин" на всички думи на Бога, да се стремите към мир с всички хора в святост и да вярвате в силата на Бога, който е способен отново да съживи мъртвите, за да получите и да се радвате на благословията моля се в името на нашия Господ Исус Христос!

Авторът:
Д-р Джейрок Лий

Д-р Джерок Лий е роден в Муан, провинция Джионам, република Корея, през 1943 година. На двадесет години д-р Лий започва да страда от различни нелечими болести и в продължение на седем години живее в очакване на смъртта, без надежда за оздравяване. Един ден, през пролетта на 1974 г., сестра му го завежда в една църква и когато той коленичи да се помоли, живият Бог незабавно го изцелява от всички болести.

От момента в който д-р Лий опознава живия Бог чрез това прекрасно преживяване, той започва да Го обича с цялото си сърце и душа и през 1978 година е призован да стане Божий служител. Моли се пламенно, за да може ясно да разбере и изпълни Божията воля и да се подчинява безпрекословно на Божието слово. През 1982 г. основава Централната църква Манмин в Сеул, Южна Корея, където започват да се извършват безброй Божии дела, включително чудотворни изцеления.

През 1986 г. д-р Лий е ръкоположен за пастор на годишната среща на Святата корейска църква на Исус, а четири години по-късно, през 1990 г., неговите проповеди започват да се излъчват в Австралия, Русия, Филипините и много други страни чрез далекоизточната радиопредавателна компания, азиатската радиостанция и вашингтонското християнско радио.

Три години по-късно, през 1993 г., Централната църква Манмин е избрана от списание Християнски свят (САЩ) като една от 50-те водещи световни църкви и той получава титлата почетен доктор по богословие от Християнския колеж във Флорида, САЩ. През 1996 г. д-р Лий защитава докторат по християнско духовенство от Теологичната семинария Кингсуей, Айова, САЩ.

От 1993 година д-р Лий заема водещо място в световното християнско духовенство чрез участието си в редица международни инициативи в Лос Анжелис, Балтимор и Ню Йорк (САЩ), Танзания, Аржентина, Уганда, Япония, Пакистан, Кения, Филипините, Хондурас, Индия, Русия, Германия, Перу и Демократична република Конго, а през 2002 г. е обявен за «световен пастор» от главните християнски вестници в Корея благодарение на своето участие в различни международни мисии.

От Юни 2017 г. година паството на Централната църква Манмин наброява над 120 000 члена и 11 000 национални и чуждестранни църковни представителства в целия свят. Досега е изпратила повече от 102 мисионери във 23 страни, включително в САЩ, Русия, Германия, Канада, Япония, Китай, Франция, Индия, Кения и много други.

Досега д-р Лий е написал 108 книги, включително бестселърите "Опитване на Вечния Живот преди Смъртта", "Моят Живот, Моята Вяра I и II", "Посланието на Кръста", "Мярката на Вярата", "Небето I и II", "Адът" и "Божията Сила". Книгите му са преведени на повече от 76 езика.

Неговите християнски статии са публикувани в *The Hankook Ilbo, The Chosun Ilbo, The JoongAng Daily, The Dong-A Ilbo, The Seoul Shinmun, The Kyunghyang Shinmun, The Korea Economic Daily, The Shisa News* и *The Christian Press*.

Понастоящем Д-р Лий е ръководител на редица мисионерски организации и асоциации. Той е председател на Обединената света църква на Исус Христос, постоянен президент на Световната християнска асоциация за изцеление, основател и председател на съвета на Глобалната християнска мрежа (GCN), основател и председател на съвета на Световната мрежа на християнските лекари (WCDN) и основател и председател на съвета на Международната семинария Манмин (MIS).

Други силни книги от същия автор

Небето I & II

Подробна картина на красивата обител, на която се радват небесните жители и прекрасно описание на различните равнища на небесните царства.

Посланието на Кръста

Мощно пробуждащо послание за всички хора, които са духовно заспали! С тази книга ще разберете защо Христос е единственият Спасител и истинската Божия любов.

Ад

Ревностно послание за цялото човечество от Бога, който не иска нито една душа да попадне в Ада! Ще разкриете жестоката действителност на чистилището и ада, описана за първи път.

Дух, Душа и Тяло I & II

Ръководство за духовно разбиране на духа, душата и тялото, което ни помага да открием какъв вид „същност" сме изградили, за да добием силата да победим тъмнината и да станем хора на духа.

Мярката на Вярата

Каква обител, каква корона и какви награди са запазени за вас на небето? Тази книга дарява с мъдрост и ръководство, за да разберете вярата си и да я направите истинска и всеотдайна.

Пробуди се, Израел

Защо Бог не откъсва поглед от Израел от неговото създаване до наши дни? Какво е Божието провидение за Израел през последните дни, когато очаква Месията?

Моят Живот, Моята Вяра I & II

Силен духовен аромат, извлечен от живота, процъфтял с несравнима любов към Бога сред тъмни вълни, изпитания и дълбоко отчаяние.

Божията Сила

Задължително четиво, което ни ръководи, за да притежаваме истинска вяра и да изпитаме чудната сила на Бога.

---

www.urimbooks.com

www.ingramcontent.com/pod-product-compliance
Lightning Source LLC
LaVergne TN
LVHW092054060526
838201LV00047B/1383